W0076557

*Cornelia Mangelsdorf*
Liebeskummer

Cornelia Mangelsdorf

# *Liebeskummer – Erste Hilfe für gebrochene Herzen*

Kreuz

# Inhaltsverzeichnis

**Vorwort: Ein Wort an Sie**     7

**1. Kapitel**
**Gefühle in Aufruhr**     9

Liebe im Jahr 2000: Ein Ding der Verhinderung ■ Dieser tückische Cocktail namens Liebeskummer ■ Kummer – ein elementares Gefühl ■ Gründe ■ Abschied tut weh ■ Die Angst vor dem Nichts ■ »Als er ging, hatte ich Flugzeuge im Bauch« ■ Die Phasen des Liebeskummers – ein Drama in vier Akten ■ Krank vor Kummer – Hilfe! ■ Vorsicht vor Psychogruppen

**2. Kapitel**
**Die Herausforderung annehmen**     23

Plötzlich allein ■ Trennungen gehören zum Leben ■ Die Sache mit der Selbsttäuschung ■ Die liebe Last mit der Eifersucht ■ Wie lang der Kummer dauert ■ Liebeskummer innerhalb der Beziehung ■ Die Kraft des Kummers – der Weg zur Liebe ■ Was eine Beziehung haltbar macht ■ Die sechs Spielarten der Liebe ■ Auch der, der geht, hat Kummer ■ Die Auseinandersetzung mit sich selbst – der Weg zur Hoffnung

**3. Kapitel**
**Der Aufbruch**     39

Vieles muss anders werden ■ Nur die nächsten fünf Minuten zählen ■ Die Checkliste der Bedürfnisse ■ Selbstzweifel ■ Was muss ich ändern, was kann ich ändern? ■ Nicht mit dir und nicht ohne dich ■ Das Spiel mit der Fiktion ■ Krisenmanagement – Strategien für schwache Stunden ■ Liebeskummer – ein Gewinn?

**4. Kapitel**
**Zeit für Veränderungen** 49

Den Abschied akzeptieren ■ »Ihre Motive dürfen mich
nicht interessieren« ■ Vorsicht, Glatteis! ■ Liebeskummer – für Frauen und Männer dasselbe? ■ Was tun,
wenn er nicht von mir loskommt? ■ Die Crux mit dem
Mitleid ■ Die Angst, den anderen zu zerstören ■ Hilfe,
ich werde rückfällig! ■ Die vielen Gesichter der
Trennungsangst ■ Einsamkeit ■ Alleinsein kann glücklich
machen ■ Wenn Einsamkeit weh tut – mentale Strategien
■ So stärken Sie Ihr Selbstbewusstsein ■ Die Sache mit
den Finanzen ■ Erste Schritte in Richtung neues Leben
■ Die Erinnerung: Heulen erlaubt! ■ So umschiffen Sie
Frustrationen ■ Statt Frust: Die Kraft der Sehnsucht
■ Das Drehbuch der Love Story ■ So kommen Sie Ihrer
Story auf die Spur ■ Die drei Säulen der Liebe ■ Die
eigenen Fehler erkennen ■ Jetzt bin ich Single – na und?
■ Das Alleinsein zelebrieren ■ Den Schmerz in
Kreativität umwandeln

**5. Kapitel**
**Es geht auch ohne ihn** 79

Die Lust an der neuen Freiheit ■ »Durch den Kummer
wurde ich zur Abenteurerin« ■ Vorsicht, Fußangeln!
■ Er hat eine Neue ■ Die erste »neutrale« Begegnung
mit ihm ■ Freunde oder Feinde? ■ Wie mit der
Vergangenheit umgehen? ■ Die Rückeroberung der
gemeinsamen Freunde ■ Zarte Gefühle für einen neuen
Mann ■ Torschlusspanik? ■ Aufregung erhöht die
Bindungschancen ■ Welcher Liebestyp sind Sie? ■ Die
Sache mit dem Korb ■ Mit Optimismus in die Zukunft

**Anmerkungen und Quellen** 91

**Lesenswerte Bücher** 92

**Adressen, die weiterhelfen** 92

## Ein Wort an Sie,
## liebe Leserin und lieber Leser

Er hat Sie in seiner Gewalt. Und macht mit Ihnen, was er will. Dabei dachten Sie vielleicht, Sie würden ihm nie begegnen. Doch der Strudel der schlaflosen Nächte, der Halb-Wach-Zustand der Trennungsgrübelei ist plötzlich ein hartnäckiger Dauergast, der sich nicht so einfach wegschicken lässt. Liebeskummer. Er gehört zu den intensivsten, aber auch zu den härtesten Erfahrungen in unserem Leben. Liebeskummer tut weh. Er ist immer eine Attacke auf das Selbstwertgefühl. Und er verändert das ganze Leben. Dieses Buch will Ihnen handfeste Tips für Ihren persönlichen Aufbruch geben. Dabei spielt es keine Rolle, ob Sie verlassen wurden oder selbst gegangen sind, ob Sie sich gerade frisch getrennt haben oder sogar innerhalb Ihrer Beziehung leiden.

Hier ein kurzer Überblick: Kapitel eins beschäftigt sich vor allem mit dem akuten Schmerz des Liebeskummers. Alle, die sich gerade getrennt haben, sollten Kapitel eins zuerst lesen. Wenn Sie lieber sofort etwas darüber erfahren wollen, in welchen Phasen Liebeskummer verläuft, dann werfen Sie gleich einen Blick auf Seite 15 ff.

Kapitel zwei arbeitet die Probleme heraus, die den Kummer begleiten. Und gibt Antworten, wie Sie damit klarkommen.

Kapitel drei gibt Tips, wie Sie den Kummer ganz konkret als Herausforderung nutzen können, und hält eine Menge Strategien für schwache Stunden bereit.

Kapitel vier ist das umfangreichste: Es ist den Lebensveränderungen gewidmet, die mit dem Liebeskummer einhergehen.

In Kapitel fünf finden Sie Anregungen, wie Sie konkrete »heiße Eisen« nach einer Trennung anpacken können, ohne sich dabei die Finger zu verbrennen.

Liebeskummer wird so unterschiedlich erfahren, dass es vermessen wäre, Patentrezepte zu geben. Ein Buch kann nicht individuelle psychologische Beratung ersetzen oder imitieren. Es kann aber zeigen, wie andere Betroffene Liebeskummer erlebt und verarbeitet haben, und Ihnen Anregungen geben, wie Sie Ihren Schmerz bewältigen können. Die Erfahrungen zeigen: Liebeskummer bedeutet immer Neuorientierung. Davor müssen Sie sich aber nicht fürchten. Denn darin liegt seine Kraft!

Liebeskummer ist ein alter Hut und trotzdem immer brand-
aktuell. Im ausgehenden 20. Jahrhundert sind noch ein paar
triftige Kummergründe hinzugekommen.

Kapitel eins analysiert

- warum Beziehungen heute so angreifbar geworden sind
- welche Ängste und Gefühle im Liebeskummer stecken
- was ihn verursacht
- in welchen Phasen er verläuft
- welche Gefahren Liebeskranken auflauern

# 1. Kapitel
# Gefühle in Aufruhr

## Liebe im Jahr 2000:
## Ein Ding der Verhinderung

Der Zauber der Liebe scheint sich in den Zeiten von Cybersex, kost-
spieliger Verbalerotik per Telefon und virtuellen Flirts per E-mail
reichlich abgenutzt zu haben. Von Romantik oder (unentgeltlichen)
Liebesdiensten keine Spur. Wie prall lebte es sich dagegen im
Barock: Romane und Dramen aus dieser Zeit beschwören die Macht
großer Gefühle. (1) Auch die Antike verherrlicht die ideale Liebe.
Das Mittelalter begehrt mit Minnesang und Liebesdienst die Gunst
der verehrten Frau. In der Sturm- und Drangzeit steht Goethes Wert-
her für die große, kompromisslose Sehnsucht. Und wie sieht es heute damit aus?
Das Vertrauen in die Liebe ist nicht mehr das, was es einmal war:
»Soziologen und Philosophen warnen vor der Illusion tiefer und dau-
erhafter Beziehungen«, titelte das Nachrichtenmagazin Focus (2) und

zitiert den italienischen Sprachforscher Umberto Eco herbei, um zu untermauern, dass der Satz »ich liebe dich« heutzutage einfach nicht mehr tauglich sei. Wen wundert's dann noch, dass Beziehungen wie lose Verabredungen mal eben schnell abgesagt werden – per Nachricht auf den Anrufbeantworter.

Liebesbeziehungen scheinen anno 1997 distanzierter abzulaufen – was sie nicht eben leichter macht. Virtueller Flirt hin oder her: Der Kummer um eine verlorene Liebe ist der gleiche geblieben – und er ist garantiert »gefühlsecht« (3).

In Zeiten des Lebensabschnittpartners ist Liebe so ein Ding der Verhinderung geworden. Und das vergrößert die Gefahr, liebeskrank zu werden, immens. Romantik haben wir uns »abgeschminkt«. Sich für einen Partner wirklich zu entscheiden, fällt in Hinblick auf die Scheidungsraten ziemlich schwer. Jobwechsel, Wochenendbeziehungen und die neue Lust an der Untreue haben die Liebe angreifbar gemacht. Gut funktionierende, beständige Beziehungen sind kostbar geworden – weil sie rar sind! Doch ohne Liebe, ohne Flirt und ohne Partnerschaft wollen und können wir – zum Glück – nicht leben. Auch wenn die Bindungsangst

> *Jobwechsel, Wochenendbeziehungen und die neue Lust an der Untreue haben die Liebe angreifbar gemacht.*

größer geworden ist. Prüfe, wer sich ewig bindet: Die Generation der 20- bis 30-jährigen Frauen hat die Spruchweisheit ihrer Großmütter in die Tat umgesetzt. Bleiben oder nicht bleiben, ist zur Gretchenfrage der modernen Beziehung geworden. Und damit sind wir mittendrin im Thema Liebeskummer.

## Dieser tückische Cocktail namens Liebeskummer

Er gleicht einem bittersüßen Mix, der Kopf und Herz gleichermaßen schwer macht. Liebeskummer hinterlässt einen kräftigen Kater: Wir schlafen nicht mehr, laufen mit leeren Blicken durch die Welt oder verkriechen uns tagelang im Bett. Das Wechselbad der Gefühle hat es in sich. Liebeskummer enthält viele Gefühle: Wut und Verzweiflung, Hass und Trauer, Eifersucht und Begehren. Ganz schnell ist sie da, die Angst vor der Einsamkeit. Vor dem inneren Auge läuft ein schlechter Film ab.

> **Liebeskummer enthält viele Gefühle:**
> **Wut und Verzweiflung, Hass und Trauer,**
> **Eifersucht und Begehren.**

Wir sehen uns darin Wochenende für Wochenende vor dem Fernseher versauern, Weihnachten und Silvester wieder auf Mutters Sofa liegen statt in seinen Armen oder mutterseelenallein in die Südsee flüchten – bloß um uns dort krank vor Kummer im Hotelzimmer zu verkriechen.

Liebeskummer wirkt auf allen Ebenen unseres Daseins wie ein Gift. Für den Körper das pure Stressprogramm, und das über Monate. Die Wissenschaftler Holmes und Rahe entwickelten Ende der sechziger Jahre eine Skala von lebensverändernden Ereignissen, deren Härtegrad Versuchspersonen beurteilen sollten (4). Am härtesten wurde der Tod des Partners bewertet. Bereits die zweit- und dritthöchsten Werte der Skala erreichten Scheidung und Trennung vom Ehepartner. Selbst ein Gefängnisaufenthalt oder eine schwere Krankheit scheinen die Psyche weniger zu belasten als Beziehungsprobleme. Weitere Untersuchungen kamen zu dem Schluss, dass Personen, die viele Ereignisse mit hoher lebensverändernder Qualität durchgemacht hatten, häufiger erkrankten als andere Menschen.

## Kummer – ein elementares Gefühl

Die Erfahrung, Kummer zu haben, ist eine der acht elementaren Emotionen, zwischen denen die Psychologie unterscheidet. Die übrigen sieben Begriffe sind Furcht, Zorn, Ekstase, Billigung, Abscheu, Neugierde und Erstaunen. Die Auflistung dieser Basis-Gefühle macht deutlich: Im Liebeskummer steckt ein Gros davon. Neben Kummer auch Furcht, Zorn und Abscheu und vielleicht sogar Neugierde und Erstaunen.

## Gründe

Die Gründe für Liebeskummer sind vielschichtig, berichten Experten aus der Paar- und Familientherapie. Da gibt es nichts, was es nicht gibt: Unerwiderte Liebe, räumliche Trennung, eine alte Beziehung, die die neue überschattet (»Ständig vergleicht er mich mit seiner Ex-Freundin«), aber auch Untreue, Unehrlichkeit, Eifersucht, Kritiksucht oder (sexuelle) Langeweile können der Liebe den Atem nehmen. Vielleicht ist es auch »nur« seine Angewohnheit, seine Witze auf ihre Kosten zu machen. Oder er hört ihr nicht richtig zu. Oder, oder, oder.

Betreiben Sie selbst einmal Ursachenforschung. Notieren Sie, was Ihnen bisher Liebeskummer bereitet hat. Vielleicht erkennen Sie dahinter ein Muster?

## Abschied tut weh

Den schlimmsten Kummer erlebt man sicherlich dann, wenn eine Beziehung zu Ende geht. Diese Angst, die sich plötzlich wie eine kalte Hand um die Seele legt, wenn die Tür nach dem endgültigen Aus hinter ihm

> *Sogar seine schlechten Gewohnheiten werden irgendwann fehlen.*

ins Schloss fällt. Dann fühlt man genau: Durch diese Tür wird er nie wieder kommen. Noch in der gleichen Nacht wird jede Faser des Körpers nach ihm schreien. Aber er ist fern. Er kommt nicht mehr zurück. Unerträglich allein der Gedanke.

Wer sich getrennt hat, kennt dieses beißende Gefühl des Sich-nach-ihm-Verzehrens. Sogar seine schlechten Gewohnheiten werden irgendwann fehlen: seine Nachlässigkeit, mit der er jeden Korken achtlos auf dem Küchentisch liegen ließ. Im Nachhinein stilisieren wir den Korken zum Attribut ultimativer Küchengemütlichkeit hoch – und werden dafür sorgen, dass von nun an immer einer dort liegt. Kochen, bügeln, saubermachen: Haben wir es letztlich nicht doch gern für ihn gemacht? Trennen und bereuen, das gehört, wenn der Abschied ganz frisch ist, zusammen. In diesem Stadium tun wir gerade so, als sei der Partner einfach ideal

> **Trennen und bereuen, das gehört,
> wenn der Abschied ganz frisch ist, zusammen.**

gewesen, fehlerfrei, Supermann eben. Wir verdrängen die paar Paar-Probleme, um das Ideal einer funktionierenden Beziehung zu bewahren. Weil wir uns die Harmonie zurückwünschen, diesen großen rosa Wattebausch, auf dem wir es so bequem hatten. Vergeblich reden wir uns die Beziehung schön – auch wenn sie es längst nicht mehr war.

## Die Angst vor dem Nichts

Mit dem Herzschmerz gerät unser ganzes Lebenskonzept ins Wanken. Mit ihm fallen unsere schönsten Pläne ins Wasser. Hatten wir nicht geplant, zusammen um die Welt zu reisen? Hatten wir nicht gerade die gemeinsame Wohnung aufwendig renoviert? Eine Tauchausrüstung gekauft, um mit ihm die Unterwasserwelt zu erobern?
Der Traum vom Aussteigen – geplatzt. Die neue Wohnung – viel zu teuer, um allein darin zu wohnen. Tauchen? War mehr sein Hobby. Die gemeinsamen Freunde? Haben sich davon gemacht. In die Arbeit stürzen? Gute Idee. Wenn man sich nur konzentrieren könnte! Und schwupp, fühlt man sich in seiner Existenz bedroht. Als würde einem jemand den Boden unter den Füßen wegziehen.

> **Mit dem Herzschmerz gerät unser ganzes
> Lebenskonzept ins Wanken.**

Contact, Comfort, Caring – drei soziale Urbedürfnisse – sind plötzlich unerfüllt.
Plötzlich ist man unvollständig, sowohl innen als auch außen. Die Einheit, das Gefühl, wie ein Puzzlesteinchen ins andere zu passen, ist dahin.

*Contact:* Wie leicht es doch war, überall als Paar aufzutauchen! Spielend kam man mit anderen ins Gespräch. Und wenn die Party langweilig war, hatte man ja seinen Liebsten im Rücken. Und jetzt? Wie wird es sein, plötzlich als Single dazustehen? Allein loszuziehen? Hat man es nicht längst verlernt?

> **Contact, Comfort, Caring – drei soziale Urbedürfnisse – sind plötzlich unerfüllt.**

*Comfort:* Wir haben uns an das schöne Leben gewöhnt. Samstags zusammen auf den Markt. Leckereien einkaufen fürs Gourmetmahl zu zweit. Die Sektkorken knallen lassen. Den Sonntag im Bett vertrödeln, das wurde zu zweit nie langweilig. Das soll vorbei sein? Bonjour tristesse! *Caring:* Küssen, streicheln, schmusen. Die Welt zu zweit glich einem gut gefederten Kokon. Und wie schön war es, abends nach einem anstrengenden Tag in seinen Armen ein bisschen herumzuquengeln. Und wer schmust jetzt mit mir?

Wer einen Partner hat, leidet selten unter derlei Entzug. Wer frisch getrennt ist, schaut sich ganz schön um. Und da ist sie schon, die Angst vor dem schwarzen Loch. Sabrina (30) kann ein Lied davon singen.

## »Als er ging, hatte ich Flugzeuge im Bauch«

*Sabrina berichtet: »Noch ein paar Tage vor unserer Trennung waren wir zusammen im Urlaub in Frankreich. Es war wunderschön: Wir ließen Drachen steigen und schlemmten abends frischen Fisch. Kaum waren wir zu Hause, war der Traum ausgeträumt. Alexander widmete sich wieder ausschließlich seinem Sport, und ich schaute in die Röhre. Gleitschirmfliegen, Skifahren, Squash – alles war ihm wichtiger als unsere gemeinsame Zeit. Nur ganz selten kam er am Wochenende mal mit zum Baden. Ich wollte mehr Zeit mit Alexander verbringen, am liebsten mit ihm zusammenziehen. Er schlief ja sowieso jede Nacht bei mir. Doch er wollte nicht. Er mochte seine Wohnung nicht aufgeben, geschweige denn mit jemandem teilen.*

*Auch unser Traumurlaub hat nichts daran geändert. Für mich stand fest, dass es so nicht weitergehen konnte. Ich bat ihn um eine Entscheidung – er wollte die Beziehung lieber erstmal auf Eis legen. Da wusste ich, dass es aus ist.*

*Ich weiß, dass Alexander sehr an mir hängt. Aber er sieht einfach nicht ein, dass ich mit 30 Jahren irgendwann wissen will, woran ich bin: Ob mein Freund der Vater meiner Kinder sein wird oder nicht.*

*In der Nacht nach unserem letzten Treffen war ich fast erleichtert, dass ich mich nicht länger habe hinhalten lassen. Doch nach dem kurzen Höhenflug folgte die Bauchlandung: Der schöne Urlaub, das Gefühl, jemanden um sich zu haben, all das fehlte mir auf einmal. Ich fühlte mich nur noch elend.*

*Seitdem sind drei Monate vergangen. Alexander hat sich nicht gerührt. Für mich ist die Beziehung gelaufen, auch wenn ihr der Schlussstrich fehlt. Ich habe das Schlimmste überstanden. Und trotzdem vermisse ich ihn manchmal unendlich. Doch die Abstände werden immer größer. Ich beginne wieder, mein eigenes Leben zu führen. Ich unternehme viel, bin ständig aus, unter Leuten. Bloß nicht zu Hause sitzen! Alleinsein vertrage ich überhaupt nicht. Da überkommen mich die Erinnerungen an unserer gemeinsame Zeit, an die Bretagne, an unser letztes Silvester.«*

## Die Phasen des Liebeskummers – ein Drama in vier Akten

Sabrina hat in den drei Monaten ihrer Trennung viele Hochs und Tiefs erlebt. Erfahrungsgemäß lässt sich die Zeit des Kummers nach einer

**Wer die einzelnen Leidensetappen kennt, kann den Schmerz besser ertragen.**

Trennung in vier Phasen einteilen, die bei jedem unterschiedlich lang dauern können. Wer die einzelnen Leidensetappen erkennt, kann so seine eigene Situation besser einschätzen. Und den Schmerz etwas besser ertragen. Denn das charakteristische an Phasen ist schließlich, dass sie vorüber gehen. Zu jeder Phase finden Sie hier ein paar Tips, wie Sie damit klarkommen können. Die Phasen des Liebeskummers heißen: Panik, Hoffnung, Kapitulation und Akzeptanz.

### 1. Die Phase der Panik

Ein Akutzustand: Die Trennung liegt ein paar Minuten oder ein, zwei Tage zurück. Die Panik setzte ein, als »er« für immer ging. Erst in diesem Moment begreift man, was passiert ist. Dass er wirklich gegangen ist, und zwar für immer. Alles scheint zu entgleisen, die Gedanken, die Gefühle, die guten Vorsätze. Selbst die Kontrolle über den eigenen Körper kann verloren gehen.

> **Tip:** **Bitten Sie eine Freundin oder ein Familienmitglied, in den ersten, kritischen Nächten bei Ihnen zu bleiben.**

Liebeskummer ist eine Ausnahmesituation, die einem einen gewissen Kredit einräumt – zumindest in dieser Phase. Man darf ruhig mal ausflippen. Heulattacken gehören dazu. Alleinsein ist in einem solchen Moment pures Gift. Deshalb: Eine Schulter zum Ausheulen hilft über die Panikphase am besten hinweg.
Tip: Bitten Sie eine Freundin oder ein Familienmitglied, in den ersten, kritischen Nächten bei Ihnen zu bleiben.
Auch ein »Blackout« ist keine Seltenheit. Manche Betroffene reagieren sogar mit einem Nervenzusammenbruch. In diesem Falle sollte man sich nicht scheuen, zu einem Arzt zu gehen. Bloß nicht selbst mit Beruhigungsmitteln hantieren!

### 2. Die Phase der Hoffnung

Die allerersten, schlimmen Tage sind überstanden. Doch was geschehen ist, ist immer noch unfassbar. Das Immunsystem der Psyche schreit nach innerer Ruhe und will das Ende der Beziehung einfach nicht wahrhaben. Also schöpft man Hoffnung. Er wird zurückkommen! Er wird es bereuen! Es kann gar nicht aus sein. Vielleicht versucht man sogar, ihn anzurufen. In dieser Phase ist man nicht besonders realistisch. Das ist einfach

> ***Hoffnung schützt davor, hart auf dem Boden
> der Realität aufzuprallen.***

noch nicht möglich. Zu frisch sind die Wunden, zu tief sitzt der Schock. Die Freundin denkt, Sie machen sich was vor? Soll sie doch denken, was sie will. Hoffnung erfüllt in dieser Phase eine wichtige Schutzfunktion: Sie verzögert den harten Aufprall auf dem Boden der Realität. Entlieben geht eben nicht von heute auf morgen, sondern nur häppchenweise.

> ***Lassen Sie sich auf Ihre Gefühle ein,
> so widersprüchlich sie auch sein mögen.
> Sie werden ganz von allein an den Punkt kommen,
> an dem Sie insgeheim spüren, dass es vorbei ist.***

Alles hat seine Zeit: die Hoffnung, der Schmerz, die Trauer. Lassen Sie sich auf Ihre Gefühle ein, so widersprüchlich sie auch sein mögen. Sie werden ganz von allein an den Punkt kommen, an dem Sie insgeheim spüren, dass es vorbei ist.

### 3. Die Phase der Kapitulation

Vermochte die Phase der Hoffnung zu trösten, wird der Schlussstrich jetzt spürbar bewusst. Da ist dieses Gefühl der Endgültigkeit. Es ist eine Phase der Resignation. Man spürt, dass man die Dinge so, wie sie gekommen sind, akzeptieren muss. Das braucht Zeit. Verzweiflung, Wutanfälle, Heulattacken kommen wieder hoch und machen die Weltsicht so bitter und fatalistisch. Was hat alles noch für einen Sinn ohne ihn? Man fühlt sich um die Möglichkeit des Glücks betrogen. Mit der Erkenntnis, dass die Beziehung jetzt wirklich vorbei ist, geht oft auch noch ein Teil der Selbstdefinition dahin. War man bisher ein Teil von »Peter und Sabine«, so ist man jetzt wieder einfach »Sabine«. Wer ist Sabine? Was will sie? Nur zu leicht wird man sich in dieser Phase selbst verurteilen, sich nicht liebenswert, gar hässlich und unattraktiv fühlen. Man nimmt sich in diesem Augenblick selbst nicht so wahr, wie man eigentlich ist. Die Attacken, die eigentlich dem Partner gelten – der nicht da ist –, richtet man gegen sich selbst. Bis zur realistischen Einschätzung der eigenen Situation, dauert es noch ein bisschen. Man pendelt zwischen Selbstmitleid und Selbstanklage hin und her. Seien Sie sich selbst

*Seien Sie sich selbst gegenüber nicht zu hart.*
*Sie müssen niemandem etwas beweisen.*

gegenüber nicht so hart. Lassen Sie Milde walten. Sie müssen niemandem etwas beweisen. Es geht jetzt nur darum, wieder auf die Beine zu kommen und den Schmerz auszuhalten. Ziehen Sie sich zurück, wenn Ihnen das guttut. Legen Sie sich ins Bett und kurieren Sie den Kummer aus wie eine Krankheit. Dass Sie sich schwach fühlen, ist ganz natürlich. Ausweinen tut gut. Danach fühlt man sich meistens wie gereinigt. Alles ist erlaubt, nur eines nicht: Betäuben Sie sich nicht mit Drogen. Das macht das Erwachen nur umso schlimmer.

Versuchen Sie zu sehen, dass dies ein Ausnahmezustand ist. Er wird bestimmt vorübergehen!

### 4. Die Phase der Akzeptanz

Es hat »klick« gemacht. Die Beziehung ist nicht zu retten, das ist Ihnen jetzt klargeworden. Darüber sind Sie zwar immer noch nicht glücklich, aber Sie können es sich eingestehen, ohne gleich den Boden unter den Füßen zu verlieren. Glückwunsch! In dieser Phase haben Sie bereits viel

*Umgeben Sie sich mit Menschen,*
*die Ihnen helfen, Ihr noch wackeliges*
*Selbstwertgefühl aufzubauen.*

Trauerarbeit geleistet und blicken vielleicht schon mit etwas Neugierde auf Ihr »neues« Leben. Vielleicht ist es Ihnen auch schon angenehm aufgefallen, dass Sie sich sehr intensiv mit sich selbst beschäftigen. Dass Sie jetzt viel mehr Zeit als vorher haben, empfinden Sie nicht mehr als

Problem, sondern als Vorteil. Trotzdem: Meiden Sie Plätze, wo Sie Ihrem Ex-Partner begegnen können. Auch das Treffen frisch verliebter Pärchen ist jetzt nicht unbedingt die »Therapie der Wahl«. Umgeben Sie sich lieber mit Menschen, die Ihnen helfen, Ihr noch wackeliges Selbstwertgefühl aufzubauen.

In den Kapiteln 3 und 4 können Sie mehr darüber lesen, wie Sie die Trennungserfahrung positiv für Ihr Leben verwerten können.

## Krank vor Kummer – Hilfe!

Nicht immer läuft Liebeskummer glimpflich ab. Manche Betroffene werden innerhalb einer unbefriedigenden Beziehung oder nach einer Trennung richtig krank. Zum Beispiel durch schwere Depressionen. Wer einen Trennungsschock erlebt, sich dauerhaft vor dem Alleinsein fürchtet oder gar Selbstmordphantasien hat, sollte sich von einem Therapeuten beraten lassen. Vielleicht hat der Kummer auch ein Lebensproblem zu Tage gefördert, das Sie unter enormen Leidensdruck stellt. Auch in diesem Falle sollten Sie überlegen, fremde Hilfe anzunehmen (siehe Adressenteil am Buchende).

Eine unglückliche Liebe kann auch den Körper in Mitleidenschaft ziehen. Psychosomatische Störungen wie nervöse Magen-Darmbeschwerden, plötzlich auftretende Atemwegsbeschwerden, Migräne, Hautekzeme oder -ausschläge, Bluthochdruck sowie Schwindelgefühle sind keine Seltenheit und sollten unbedingt ärztlich behandelt werden.

## Vorsicht vor Psychogruppen!

Frauen und Männer in Trennungssituationen, in schwer lebbaren Beziehungen oder in anderen Krisensituationen sind die erklärte Zielgruppe einiger zwielichtiger Seminaranbieter. Die Rede ist hier von Psychogruppen oder sogenannten destruktiven Kulten. Vor allem in Großstädten haben sie Hochkonjunktur. Sie werben oftmals in Stadtmagazinen unter der Rubrik Psycho und locken mit relativ preisgünstigen Einsteigerseminaren, die entweder am Wochenende oder über einen mehrmonatigen Zeitraum je einen Abend pro Woche abgehalten werden. Die

Nachfolgeseminare sind dann bedeutend teurer. Sie können mehrere tausend Mark kosten. Betroffene machen für derlei Kurse nicht selten Schulden in fünfstelliger Höhe. Doch das ist nicht einmal das Schlimmste: Viele dieser Seminare werden von nicht ausgebildeten Seminarleitern abgehalten, das heißt von Personen ohne psychologische, pädagogi-

> *Ein Seminarprogramm, welches allen Teilnehmern die gleichen Pauschalratschläge erteilt, ist unseriös.*

sche oder therapeutische Ausbildung. Die Seminarinhalte beziehen sich oftmals auf die Themen Trennung oder Verlustangst. Ein unseriöses Seminarprogramm erkennen Sie daran, dass für jeden Teilnehmer Pauschalratschläge gegeben werden, die auf alle zutreffen sollen. Das kann natürlich nicht sein, denn jede Person hat eine ganz individuelle Psychodynamik. Nicht selten kommt es vor, dass Seminarteilnehmerinnen sehr Heikles preisgeben, beispielsweise den sexuellen Missbrauch durch einen Verwandten. Ein nicht fachgerecht ausgebildetes Seminarteam wird in diesem Falle kaum in der Lage sein, die Betroffene in ihrer Not aufzufangen. Deshalb: Wenn Sie erwägen, ein Psychoseminar zu besuchen, dann sollten Sie im eigenen Interesse Wert darauf legen, dass das

> *»Love bombing« ist ein klug kalkuliertes Lockmittel von Psychosekten.*

Seminar von qualifizierten Fachleuten und nicht von geldgierigen Dilettanten geleitet wird. Lassen Sie sich im jeweiligen Institut eine Bescheinigung über die Qualifikationen der Seminarleiter vorlegen. Seien Sie nicht überrascht, wenn man ausgesprochen freundlich zu Ihnen ist. »Love bombing« ist ein klug kalkuliertes Lockmittel. Erkundigen Sie sich zusätzlich beim Sektenbeauftragten Ihrer Stadt (über die Stadtverwaltung oder die Kirchengemeinde) über die Gruppe, der Sie sich anschließen wollen. Dort sind zwielichtige Gruppen oft (aber keineswegs immer) bekannt.

Eine gute Alternative zu solchen Psychogruppen sind dagegen Selbsthil-
fegruppen. Dort gibt es im Gegensatz zu den Psychogruppen in der
Regel keine Hierarchien. Und man kann sich prima gegenseitig helfen,
ohne dafür Riesensummen auszugeben. Adressen von Selbsthilfegrup-
pen, psychosozialen Beratungsstellen und diversen Notrufstellen finden
Sie im Anhang auf Seite 92.

Kapitel zwei beleuchtet die Krisen, die dem Kummer vorausgehen oder ihm folgen können. Es gibt Aufschluss, wie lang der Kummer dauert, wie der Kummer innerhalb einer Beziehung gelöst werden kann, was eine Beziehung haltbar macht und wie man sein Selbstvertrauen wiedergewinnt.

## 2. Kapitel
## Die Herausforderung annehmen

### Plötzlich allein

Alleinsein, ohne dass man es will, ist nicht gerade ein Kinderspiel. Denn natürlich hat man Widerstände gegen diesen eigentlich unerwünschten Zustand. Der Mensch ist ein Gesellschaftstier, ein »Zoon Politikon«, wie Aristoteles es ausdrückte. Dauerndes Alleinsein widerspricht unserem Bindungstrieb. Auch Tiere quengeln und jammern, wenn man sie von

> *Dauerndes Alleinsein widerspricht unserem Bindungstrieb.*

ihrer Mutter wegbringt – selbst wenn sie gesättigt sind. Menschen reagieren nicht anders. Die Geborgenheit eines festen Verbandes – die Partnerschaft oder die Familie sind ein solcher – schützt vor Feinden, vor Kälte, vor Einsamkeit.

Plötzlich allein. Die Wunden der Trennung sind noch frisch. Auch in einer Beziehung oder Ehe kann man sich plötzlich allein fühlen, wenn man spürt, dass der andere sich entfernt hat oder man kein Verständnis mehr findet. Oder man selbst ist abgerückt, hat die innere Trennung klammheimlich vollzogen. Nur die Verlustängste halten uns zurück, den

*Auch als Erwachsene haben wir Angst,*
*nicht genug umsorgt zu werden.*

entscheidenden äußeren Schritt zu tun und die Trennung einzuleiten. Verlustängste hat jeder Mensch. Schon als Baby bangen wir permanent um die Zuwendung der Eltern. Vertrauen und Sicherheit, die Erkenntnis, umsorgt und geliebt zu werden, darauf sind wir auch über die ersten Lebensjahre hinaus angewiesen. Entwicklungspsychologen vermuten, dass die Angst, nicht ausreichend Liebe zu bekommen, den Menschen nie ganz verlässt. Auch als Erwachsene haben wir Angst, nicht genug

*Bei einer bevorstehenden oder vollzogenen*
*Trennung wird der »Versorgungskreislauf«*
*der Liebe und Zuwendung*
*auf unbestimmte Zeit unterbrochen.*

umsorgt zu werden – wenn wir ehrlich zu uns selbst sind, fallen uns viele Beispiele ein, in denen wir uns vom Partner, der eigenen Familie oder von der besten Freundin zurückgesetzt fühlten.
Verlustängste sind etwas vollkommen Natürliches. Bei einer bevorstehenden oder vollzogenen Trennung wird der »Versorgungskreislauf« der Liebe und Zuwendung auf unbestimmte Zeit unterbrochen. Das vorprogrammierte Alleinsein scheuen wir wie ein wildes Pferd den Reiter. Den Nutzen des Alleinseins zu verstehen, braucht Zeit.

## Trennungen gehören zum Leben

Partner, die wir lieben oder geliebt haben, idealisieren wir. Dadurch wird der Versuch, sich von einer unmöglich gewordenen Liebe freizumachen, erstmal vereitelt. Trennung von einem geliebten Menschen, das ist, als würde man sich selbst ein Bein abhacken. Auch wenn der Begriff der

> **Im Laufe unserer persönlichen Entwicklung machen wir viele kleine und größere Trennungen durch.**

lustvollen Trennung in Mode gekommen ist: Wir tun uns nach wie vor schwer damit.

Dabei machen wir alle im Laufe der Entwicklung viele kleine und größere Trennungen durch. Wir trennen uns von unserem Stofftier und von unserem Haustier. Nach einem Umzug lassen wir die alten Freunde zurück. Wir lösen uns von der Schulbanknachbarin und vom glühend verehrten Deutschlehrer. Schließlich lösen wir uns von den Eltern und zwangsläufig – durch deren Tod – von den geliebten Großeltern. Aber wir trennen uns auch von Dingen, die uns wichtig waren: Die erste Jeans wurde zu Grabe getragen wie ein Kultobjekt. Im Wechsel der Moden und Befindlichkeiten haben wir uns mehrmals »gehäutet«, um jemand anderes zu werden. Wir wechseln das WG-Zimmer oder die Wohnung. Und lassen schweren Herzens jene olle Matratze zurück, auf der wir mit »ihm« die ersten Liebesnächte verbrachten. Trennungen sind fester Bestandteil des Lebens. Auch in Liebesdingen haben wir heute mehr damit zu tun als die Generation unserer Mütter: War in den 50er Jahren das traute Heim das Glück allein, ziehen in den 90er Jahren die Frauen lieber in die Welt hinaus und probieren sich aus. Heute hat eine 25jährige Frau im Durchschnitt acht Liebhaber gehabt – und sich im schlimmsten Falle achtmal getrennt. Trennungen sind keine Kleinigkeiten. Doch sie bringen auch neue Erfahrungen: Plötzlich muss man mit einer Reihe ungewohnter Situationen klarkommen. Damit gewinnt man neue Sichtweisen und erweitert seinen Horizont.

## Die Sache mit der Selbsttäuschung

Gerade wer zwischen Trennung und Versöhnung hin und her schwankt, läuft Gefahr, sich selbst etwas vorzumachen. »Eigentlich sind unsere Probleme gar nicht so schlimm.« »Hauptsache, wir haben uns lieb.« »Ich will gar nicht so genau wissen, wo er jetzt wirklich ist.« Sich ein-

> *»Liebe führt zu einer Idealisierung des anderen,*
> *weil all das erlebte Glück der anderen Person*
> *zugeschrieben wird. Und sie führt zu einem*
> *gewissen Verlust der eigenen Identität.«*

zugestehen, dass man mit seiner Liebeskunst am Ende angelangt ist, fällt schwer. »Liebe führt zu einer Idealisierung des anderen, weil all das erlebte Glück der anderen Person zugeschrieben wird. Und sie führt zu einem gewissen Verlust der eigenen Identität«, so hat es der Psychologe Erich Kirchler formuliert(5). Das mag ein Grund dafür sein, warum man eine Trennung oder Aussprache lieber aufschiebt, als den Problemen ins Auge zu sehen und Klartext zu reden. Dieses »Ich will es nicht wahrhaben« ist verständlich. Tomaten auf den Augen sind nun mal angenehmer als Speerspitzen im Bauch. Doch Selbsttäuschung löst keine Probleme. Spätestens dann, wenn die halbe Stadt weiß, dass »er« eine Neue hat, spürt man genau, dass der Schuss nach hinten losgegangen ist. Besser ist es dagegen, sich dem Konflikt zu stellen und die Probleme offen auszusprechen.

Frauen scheinen mit Beziehungsproblemen wesentlich resoluter umzugehen als Männer. Rund 75% der Scheidungen in Deutschland gehen von Frauen aus. Untersuchungen in den siebziger Jahren in den USA ergaben, dass Frauen vermutlich besser als Männer voraussagen können, ob eine Beziehung halten wird oder nicht. Der amerikanische Psychologe Rubin schloss daraus, dass Frauen entweder mehr Einfluss auf den Verlauf einer Beziehung haben oder einfach sensibler für deren Zustand sind. Schon in den siebziger Jahren fiel Rubin auf, dass mehr Trennungen auf Wunsch von Frauen vollzogen werden als von Männern – jedoch erst dann, wenn die Frauen das Gefühl hatten, dass ihr Engagement nicht erwidert wird. Es scheint so zu sein, dass Männer sich zwar leichter verlieben, Frauen sich jedoch mehr engagieren in Beziehungen und sich leichter wieder entlieben, wenn sie in einer Beziehung keinen Sinn mehr sehen.

## Die liebe Last mit der Eifersucht

Eifersucht und Liebeskummer gehören zusammen. Der eine folgt, wo die andere verweilt. Eifersüchtig sein: Das heißt rot sehen, schimpfen, explodieren. Unsicher werden. Und sich schämen. Eifersucht hat viele

> *Eifersucht und Liebeskummer gehören zusammen.*

Varianten: Ist man selbst eifersüchtig? Auf eine andere Frau? Oder leidet man unter einem misstrauischen Partner, der einem hinterherspioniert? Eifersucht braucht noch nicht einmal einen Grund. Selbst ohne Anlass kann sie zum Alptraum werden, was Claude Chabrol in seinem Film »Die Hölle« ausführlich, eindringlich und düster beschreibt. Eifersucht hat die Kraft, eine Beziehung zu zerstören. Kein Partner lässt es sich auf lange Sicht gefallen, dass seine Taschen durchsucht, seine Brie

> *Eifersucht hat die Kraft,*
> *eine Beziehung zu zerstören.*

fe gelesen oder seine Geschäftsessen kontrolliert werden. Eifersucht zieht die Würde eines Menschen ganz schnell in den Dreck – ob man nun Opfer ist oder Täterin. Und sie diktiert ein schreckliches Rollenspiel: Der Eifersüchtige ist der ewig Misstrauische, während der Beschuldigte mit seiner Rolle als »Schwarzer Peter« leben muss. Das kann selbst die stärkste Verbindung zerstören.
Doch was hilft letztlich gegen diese eifernde Sucht? Eifersucht ist Angst vor dem Vergleich, schreibt Max Frisch in seinen Tagebüchern. Die Angst davor, nicht gut genug, nicht schön genug, nicht erfolgreich genug zu sein, lässt das Selbstbewußtsein schnell klein werden – da muss der

Prüfen Sie selbst: Sind Sie ein eifersüchtiger Typ? Die folgenden Fragen sollen Ihnen helfen, darüber nachzudenken, welchen Einfluss die Eifersucht auf Ihre Beziehung nehmen könnte oder bereits genommen hat. Antworten Sie so ehrlich wie möglich.

- Ihr Partner ist auf ein Fest eingeladen, Sie nicht. Macht es Ihnen etwas aus?
- Verlangen Sie, dass Ihr Partner Ihnen alles erzählt?
- Verabredungen mit anderen Männern: War oder ist das in Ihrer Beziehung ein Problem?
- Können Sie Gefühle der Eifersucht offen aussprechen?
- Sind Sie grundsätzlich eifersüchtig? Oder ist dies von Anlässen abhängig?
- Haben Sie schon mal seine Sachen kontrolliert?

Unterschied zu der vermeintlichen Rivalin gar nicht mal erschreckend groß sein. Es reicht schon ein Detail: Seine neue Kollegin hat etwas, was ich nicht habe. Und dann spricht er es auch noch aus: Sie könnte dir gefährlich werden. Die wichtigste Waffe gegen Eifersucht ist Gelassenheit. Gelassenheit prescht nicht einfach davon. Gelassenheit schweigt und prüft, verharrt und wartet ab. Gelassenheit äußert ruhig, aber sicher, was sie wünscht. Auf dieser Ebene lässt es sich vernünftig miteinander reden – ob man nun Opfer oder Täterin ist.

Auch nach einer Trennung spielt die Eifersucht eine Rolle. Trotz Entzug zuckt doch noch der ganze Leib bei der Vorstellung, dass eine andere

**Die wichtigste Waffe gegen Eifersucht ist Gelassenheit.**

Frau den eigenen Platz eingenommen hat. Hat er eine Neue? Ist er mit ihr glücklicher als mit mir? Man wird es wissen wollen. Man wird es auch herausfinden können. Aber: Wozu? Warum sich quälen? Die Energie, um ihn zu beschatten, kann man wahrlich sinnvoller nutzen: Selbst gut leben ist die beste Rache!

## Wie lang der Kummer dauert

Viele Frauen fragen sich nach einer gescheiterten Beziehung: Werde ich irgendwann wieder an etwas anderes denken können als an ihn? Wieder Spaß haben? Andere Männer kennenlernen? Ohne Vorurteile sein?
Da ist die lähmende Angst, dass der bittere Nachgeschmack des Beziehungsfrusts am Gaumen kleben bleibt wie eine faulige Frucht.

> *Liebeskummer kann dauern –*
> *manchmal so lang, wie man liiert war.*

Vorhersagen, wie lang die eigene Kummerphase dauern wird, sind schwer zu machen. Doch es gibt ein paar Richtwerte. Die Münchner Gesellschaft für Rationelle Psychologie befragte 1995 für die Zeitschrift »Freundin« über 3000 Frauen und Männer zwischen 16 und 40 Jahren zum Thema Liebeskummer.
Hervorstechendes Ergebnis: Nicht einmal zehn Prozent der Befragten litten nach einer Trennung länger als vier Wochen am Liebeskummer! Ausgehen, mit anderen flirten, sich in die Arbeit stürzen waren die Strategien der Wahl. Nur vier Wochen Liebeskummer – ist das möglich? Natürlich kann niemand eine derartige Krise in vier Wochen wirklich verarbeiten. Doch es scheint, als wolle man heute den Schmerz eher verdrängen, als sich ihm zu stellen. Die Gefahr liegt auf der Hand: Statt sich bewusst zu machen, was schief gelaufen ist, läuft man ins nächste Abenteuer – ohne sich anzuschauen, welche neuen Ängste durch die Trennung hinzugekommen sind. Die Einschätzung der Psychologin Gerti Senger über die Dauer des Kummers klingt da schon etwas realistischer. Sie spricht von gut einem Jahr. Manchmal dauert die Kummerzeit so lang, wie man liiert war.

## Liebeskummer innerhalb der Beziehung

Nicht immer sind die Signale des Liebeskummers so eindeutig, dass man sich offen damit auseinandersetzen kann. Das macht den Schmerz aber nicht unbedingt kleiner. Liebeskummer innerhalb der Beziehung ist wie eine schlecht versorgte Wunde: Sie entzündet sich, beginnt zu eitern und schmerzt immer mehr.

> *Sibylle (27) hat eine tragische, unglückliche und vielleicht unmögliche Liebe. Seit über fünf Jahren ist sie mit Florian befreundet und wohnt mit ihm zusammen.* »*Nach außen hin sind Florian und ich glücklich. Doch in mir sieht es ganz anders aus. In Gedanken betrüge ich Florian schon seit Jahren mit einem anderen Mann. Es ist ein gemeinsamer Freund. Wir mögen uns sehr. Aber es war nie etwas zwischen uns, nicht einmal ein Kuss. Unsere Leidenschaft hat eine andere Ebene: Wir sprechen ganz oft aus, was der andere gerade denkt. Wir scheinen über einen ganz besonderen Draht mit-*

**Liebeskummer innerhalb der Beziehung ist wie eine schlecht versorgte Wunde: Sie entzündet sich, beginnt zu eitern und schmerzt immer mehr.**

> *einander verbunden zu sein. Das ist manchmal schon fast unheimlich. Da ist eine Seelenverwandtschaft, die glaube ich sehr selten ist. Gerade, weil ich mich von Florian oft nicht richtig verstanden fühle und er sich für meine Gedanken meist nicht interessiert, ist der andere für mich wie ein guter Geist. Morgens, wenn ich aufwache, denke ich zuerst an ihn. Tagsüber ertappe ich mich dabei, wie ich unbewusst mit ihm Zwiesprache halte. Bin ich in der Stadt unterwegs, hoffe ich nichts sehnlicher, als ihn zu treffen. Es ist fatal: Ich verzehre mich nach ihm, obwohl ich noch nicht mal weiß, ob er mich als Frau überhaupt attraktiv findet. Ich finde ihn in jeder Hinsicht reizvoll. Im Grunde glaube ich, dass ich mit ihm viel glücklicher wäre als mit Florian.*«

Wie kann Sibylle ihren Kummer los werden? Im Grunde nährt sich ihr Liebesgefühl für den anderen Mann aus Spekulationen. Ob er sie als Partnerin will, kann sie nicht einschätzen. Ob er für sie der richtige wäre, kann sie nur vermuten. Auf der anderen Seite hat die Beziehung zu Florian tiefe Risse, die den »guten Geist« erst notwendig machen. Sibylle muß sich anschauen, was da in ihr vorgeht. Sie darf sich nicht mit einem Beziehungskompromiss zufrieden geben, der sie im Grunde zermürbt. Etwas in ihr verlangt nach einer Entscheidung. Sie muss ehrlich sein: zu sich und zu ihrem jetzigen Lebenspartner. Nur wenn Sibylle den Mut aufbringt, mit beiden Männern offen zu reden, kann sie herausfinden, mit welchem Mann sie wirklich glücklich werden kann. Im schlimmsten Fall verliert sie ihre Beziehung – und den anderen als Freund.

## Die Kraft des Kummers – der Weg zur Liebe

Liebeskummer gibt es immer nur im Zusammenhang mit Liebe. Er wird oft als gescheiterte Liebe ausgelegt. Zu unrecht: Die gescheiterte Liebe kann auch ein Triumph sein. Beispielsweise, wenn man sich von einem Partner trennt, der die Liebe vernachlässigt oder sie durch einen Betrug

> *Die gescheiterte Liebe kann auch ein Triumph sein.*
> *Kummer ist der natürliche Weg,*
> *die eigene Liebesfähigkeit zu schützen.*

klein gemacht hat. Dann ist der Kummer der natürliche Weg, die eigene Liebesfähigkeit zu schützen. Von der Sehnsucht nach Liebe kann man sich – zum Glück – nicht befreien. Auch nach einer gescheiterten Beziehung bleibt die Liebe als Zielsetzung bestehen, selbst wenn man es nicht zugeben will und nach einer verletzenden Erfahrung erstmal bitter und misstrauisch ist. Keiner kann sich der Liebe wirklich entziehen. Liebeskummer ist also eine Art Hindernislauf auf dem Weg zur Liebe, ein Weg, der mit dem Erleben der eigenen Grenzen eng verbunden ist und ein Abgleichen der Träume von Liebe mit der Realität verlangt.

Zur äußeren Not – ich bin allein – gesellt sich ganz schnell die innere Not. Man fühlt sich leer, ums Glück betrogen. Dieser Missklang bohrt, äußert sich vielleicht in Aggressionen gegenüber einem Du oder wendet sich selbstzerstörerisch gegen das eigene Ich. Auch wenn der Kummer ausgestanden ist, wird man nicht mehr dort anfangen können, wo man aufgehört hat. Man ist nicht mehr dieselbe, ist um ein paar Illusionen ärmer, dafür um ein paar blaue Flecken auf der Seele reicher. Vielleicht

> *Liebe ist tiefer, höher, gewaltiger und gefahrenreicher als die Vorstellung, die wir uns vielleicht von ihr gemacht haben.*
> *Das ist die große Lektion, die wir durch den Liebeskummer lernen können.*

erscheint einem die Liebe als etwas anderes, als man es sich gewünscht hat (»Ständig muss ich Kompromisse eingehen«). Liebe erweist sich am Ende der Euphorie oft als etwas schwer Einschätzbares, das sich nicht einfach festhalten lässt. Liebe ist tiefer, höher, gewaltiger und gefahrenreicher als die Vorstellung, die wir uns vielleicht von ihr gemacht haben. Das ist die große Lektion, die wir durch den Liebeskummer lernen können.

## Was eine Beziehung haltbar macht

Wer länger mit einem Partner zusammenlebt, den packt ein ganz spezieller Kummer: Die Illusion vom ewigen Verliebtsein ist dahin. Die Momente, in denen man den Partner so richtig unwiderstehlich findet, werden seltener. Vielleicht schweigt auch die sexuelle Lust. Gerade im ersten Jahr einer Ehe verändert sich die Beziehung zwischen zwei Partnern extrem. Um im Alltag zu bestehen, muss sie neu bestimmt werden. Beide Beteiligten müssen regelrecht eine Entscheidung für sich treffen. Langzeitbindungen haben vor allem dann eine Perspektive, wenn der Aufwand, der notwendig ist, um die Beziehung lebendig zu halten, durch die Freuden aufgewogen wird, die durch die Partnerschaft entstehen. Der Psychologe Erich Kirchler formuliert es so: »Eine Beziehung ist umso stabiler, je größer die Belohnung im Vergleich zu den Kosten ist und je weniger attraktiv alternative Partner sind.« (5) Wenn Partner regelmäßig miteinander reden, ihre Pflichten teilen, die Bedürfnisse des anderen ernst nehmen, sich Gefälligkeiten erweisen, in Finanzdingen gegenseitig großzügig sind und alles dafür tun, sich gegenseitig das Leben so angenehm wie möglich zu machen, dann tun sie alles, um ihre Zuneigung zu erhalten und zu steigern.

Ob eine Beziehung haltbar ist, ist jedoch auch von anderen Faktoren abhängig, die man quasi erbt: Partner, deren Eltern offen, tolerant, warmherzig und unterstützend sind, haben in Liebesdingen eine natürliche Selbstsicherheit. Wer jedoch Eltern hat, die unfair, unberechenbar und zurückweisend reagieren, wird sich in der eigenen Beziehung eher ängstlich und zwiegespalten verhalten. Wer Beziehungen gar verweigert, kann dies möglicherweise auf ein kritisches Elternhaus zurückführen, in dem wenig Wärme, aber hohe Ansprüche herrschten und eigene Wünsche nicht respektiert wurden. Das Elternhaus beeinflusst die eigene Beziehung also enorm: Sie wird dadurch tendenziell stabil oder fragil. Das muss aber nicht heißen, dass ein problematisches Elternhaus die eigene Beziehungsfähigkeit von vornherein boykottiert. Wer sich sein familiäres »Beziehungserbe« bewusst macht, hat einen Wissensvorsprung: Er oder sie kann sich selbst leichter durchschauen und die Dynamik im eigenen Verhalten gegenüber dem Partner besser einschätzen. Und das macht es leichter, an Beziehungsproblemen zu arbeiten.

Überlegen Sie, welches Erbe Sie in Ihr Beziehungsleben mitbringen.

Waren Ihre Eltern tendenziell
- tolerant und warmherzig?
- zurückweisend?
- unterkühlt und dabei anspruchsvoll?

Sind Sie tendenziell
- selbstsicher?
- ängstlich?
- verweigernd?

## Die sechs Spielarten der Liebe

Der Wissenschaftler Lee befragte Mitte der siebziger Jahre 200 Personen über ihre Vorstellungen und analysierte sechs Spielarten der Liebe (4):
1. Die platonische Liebe. Sie ist nach Platon benannt und meint die Liebe, die auf Freundschaft basiert.
2. Die Agape. Sie ist die christliche Liebe, die gibt und nichts dafür zurückfordert.
3. Die manische Liebe. Sie ist leidenschaftlich, zwanghaft und besitzergreifend, drückt sich in Begehren und Eifersucht aus.
4. Die pragmatische Liebe. Das ist die bodenständige Variante der Liebe, kopfgesteuert und zweckorientiert.
5. Die erotische Liebe. Sie ist bestimmt von Sinnlichkeit, Romantik und der Verehrung der Schönheit. Erotische Liebe stellt die sexuelle Anziehung und die Lust in den Mittelpunkt.
6. Die luzide Liebe. Sie ist die spielerische Form der Liebe, gekennzeichnet von Freiheit, wenig Bindung und wenig Abhängigkeit.

Überlegen Sie: Welche Spielart der Liebe oder welche Kombination von Spielarten gefällt Ihnen am besten? Und welche leben Sie? Stimmt beides überein? Wenn nicht, haben Sie möglicherweise einen Anhaltspunkt gefunden, warum die Liebe Ihnen immer wieder Kummer bereitet.

## Auch der, der geht, hat Kummer

»Er lässt es sich bestimmt gutgehen.« »Sie war noch nie ein Kind von Traurigkeit. Bestimmt flirtet sie schon mit dem nächsten.«
Wer verlassen wird, sieht sich zumeist in der Opferrolle. Der, der gegan-

> **Wer verlassen wird, sieht sich meist in der Opferrolle. Zu Unrecht.**

gen ist, ist dagegen der »chauvinistische Schlappschwanz« oder die »leichtfertige Schlampe«. Diese Einschätzung ist jedoch nicht realistisch. Auch der, der geht, leidet – manchmal sogar stärker als der, der verlassen wird. Das hat der amerikanische Psychologe Roy Baumeister herausgefunden. Er befragte 150 Personen zum Thema Abweisen und Abgewiesenwerden. Das Ergebnis: Auch Herzensbrecher leiden. Sie nehmen die missverstandene Liebe keineswegs als Überlegenheit wahr,

> *Jemanden im Stich zu lassen wird eindeutig negativ bewertet. Wer verlassen wird, bekommt in der Regel mehr Aufmerksamkeit und Verständnis.*

sondern fühlen sich vielmehr unter extremen (Leidens)Druck gesetzt. Denn die Umwelt macht es demjenigen, der die Rolle des Täters übernimmt, keineswegs leicht: Jemanden im Stich zu lassen wird eindeutig negativ bewertet. Wer verlassen wird, bekommt in der Regel mehr Aufmerksamkeit und Verständnis. Während der Verlassende sich mit dem Gefühl herumquält, ein Unhold zu sein, kann sich der Verlassene eher im traurig-schönen, dramatischen Gefühl des Liebeskummers aalen. Doch auch die Lust am Drama hilft nicht über alle Wunden hinweg. Liebesentzug scheint ein tief verwurzeltes Bedürfnis des Menschen zu verletzen (8).

## Die Auseinandersetzung mit sich selbst – der Weg zur Hoffnung

»Echte Hoffnung ist nur möglich, nachdem wir bereitwillig am Rand der Verzweiflung entlanggegangen sind und all den kleinen Toden im Leben (...) ins Gesicht geblickt haben.« Dieses Zitat stammt von Sheldon

> *Gerade in harten Lebensphasen wären wir am liebsten jemand anderes.*

Kopp, Psychotherapeut aus Washington. Sein zentrales Thema ist »die Auseinandersetzung mit und der Glaube an sich selbst« (9). Er spricht damit einen Punkt an, der in Zeiten des Liebeskummers von zentraler Bedeutung ist. Gerade in harten Lebensphasen wären wir am liebsten jemand anderes. Wenn die Hilfe von Freunden, der Kopfsprung in die Arbeit oder die als Rachefeldzug gestarteten sexuellen Abenteuer ihre

> *Liebeskummer ist eine Phase der Orientierungslosigkeit, aber er bietet auch die Möglichkeit, verschiedene Lebensbereiche neu zu überdenken.*

Wirkung verlieren, werden wir wieder mit uns selbst konfrontiert. Und dann gehen die Fragen los: »Warum gerade ich? Warum muss ausgerechnet ich diesen Kummer durchmachen?« Man beginnt, mit seinem Schicksal zu hadern. Fühlt sich ungerecht vom Leben behandelt. Und gibt die Hoffnung auf.

Halt! Damit machen wir die eigene Lebensfähigkeit kleiner, als sie ist. Nicht David, sondern Goliath steckt in uns – wenn wir eine vorübergehende Phase der Selbstzweifel und der Einsamkeit ertragen lernen. Phasen der Orientierungslosigkeit – die Zeit des Liebeskummers ist eine solche – sind eine wertvolle Möglichkeit, verschiedene Lebensbereiche neu zu überdenken.

Wichtige Voraussetzung dafür ist, dass man die Konfrontation mit sich selbst nicht verdrängt, sondern sucht. Dann kann die vermeintlich karge Zeit zur Blütezeit werden.

> *Erst bei einem äußeren Erlebnisvakuum kann sich in uns etwas Neues entwickeln.*

Das Beispiel eines kreativ arbeitenden Menschen macht es deutlich: Wer ständig ausgebucht, gefragt und verabredet ist, produziert zwar im Gespräch mit anderen Ideen. Doch irgendwann sind die Sichtweisen eingespielt, die Ideen bleiben aus. Anders, wer eine Aus-Zeit erlebt: In Phasen der Langeweile, des Nichtstuns und des Nicht-Gefragt-Seins fängt unser Gehirn an, bereits Erfahrenes auszugraben, es neu zusammenzusetzen und ins Bewusstsein einzublenden. Erst wenn ein Erlebnisvaku-

### So kommen Sie sich näher

Beantworten Sie sich zunächst folgende Fragen:

Was gefällt Ihnen an sich selbst?
Und was stört Sie?
Wären Sie manchmal gern jemand anders?

Das folgende 5-Punkte-Programm kann Ihnen helfen, Ihr Selbstbewusstsein zu stärken.

1. Überbewerten Sie die eigenen Fehler nicht (»Ich bin einfach zu schüchtern«). Schieben Sie sich nicht selbst gleich in eine Schublade, nur weil Sie hin und wieder etwas unsicher sind.

2. Hinterfragen Sie das Alles-oder-nichts-Prinzip. »Alle guten Männer sind vergeben. Die, die frei sind, sind alle Trottel.« Stimmt das wirklich? Sicher nicht. Mit Schwarz-Weiß-Malerei stehen Sie sich nur selbst im Wege.

3. Loben Sie sich! Sie haben ein gelungenes Abendessen gezaubert? Viel gearbeitet? Klopfen Sie sich selbst auf die Schulter, wenn es kein anderer tut. Seien Sie stolz auf kleine Erfolge.

4. Führen Sie eine Pluspunkte-Liste. Schreiben Sie sich täglich auf, was Sie gut an sich finden. Oder was anderen an Ihnen gefällt.

5. Lernen Sie von anderen – ohne sie zu imitieren. Ihre Freundin ist so ein herrlicher Genusstyp? Und Sie verkneifen sich lieber alles? Dann schauen Sie ihr doch einfach ab, wie man das macht mit dem Genießen!

um entsteht, kann es gelingen, dass sich etwas wirklich Neues in uns entwickelt. Genau aus diesem Grund schicken Konzernbosse ihre Manager in die Einkehr eines Klosters oder ziehen sich Kreative, die es sich leisten können, am Wochenende in die Stille und Schlichtheit des Landlebens zurück.

In derlei Phasen kann man Entscheidendes über sich selbst lernen: Zum Beispiel, die eigene Biographie mit all ihren Kanten und Krisen zu akzeptieren, sich wieder mit sich selbst anzufreunden und damit aufzuhören, sich nach einem Leben zu sehnen, das nicht den eigenen Bedürfnissen entspricht. Nur wer seine Bedürfnisse kennt, kann sein Leben auch nach den eigenen Wünschen leben.

Der Neuanfang ist geschafft. Doch noch wackeln die Knie. Wichtig sind jetzt ein paar Strategien, um über kritische Momente hinwegzukommen. Dieses Kapitel gibt Rat, wie man

- sich bei akutem Liebesschmerz am besten verhält
- einen »Zustandsbericht« verfasst
- seine Bedürfnisse erkennt
- sich vor Selbstzweifeln rettet
- kritische Momente übersteht

# 3. Kapitel
# Der Aufbruch

## Vieles muss anders werden

Liebeskummer bringt eine beachtliche Umstellung des äußeren und inneren Lebens mit sich. Vieles, was wir gewohnt waren, fällt auf einmal weg. Sei es der gemeinsame Urlaub, das allabendlich zelebrierte Fläschchen Wein oder einfach die Tatsache, dass immer jemand zum Reden und Kuscheln da war. Was innerhalb der Zweisamkeit selbstverständlich schien, entpuppt sich im Solo leicht als Hürde. In der Phase des großen Umbruchs ist es schwierig, die neugewonnene Freiheit nicht als Last zu empfinden. Deshalb sind eine Reihe Strategien notwendig, die in diesem Kapitel im Mittelpunkt stehen.

## Nur die nächsten fünf Minuten zählen

Zwei Jahre und acht Monate dauerte die Beziehung von Lisa und Marc. Als Marc ein interessantes Job-Angebot in einer entfernten Stadt annimmt, beendet er in einem Aufwasch die Liaison mit Lisa. Lisa bleibt zurück. »In der ersten Nacht ohne Marc bat ich eine Freundin, mein Babysitter zu sein. Alles erinnerte mich an Marc.« Die erste Nacht ist überstanden. Doch jetzt beginnt der Stress erst richtig. Lisas Alltag wird plötzlich schwierig. »Ich fühlte mich noch nicht einmal in der Lage, eine kleine Reparatur im Haus durchzuführen. Wie auch: Normalerweise hatte sich Marc darum gekümmert.« Genau diese Details sind es, die eine Trennung so verflixt schwer machen.

Doch Lisa findet ihre eigene, ganz spezielle Methode, die Trennung zu verarbeiten: Sie dreht ein Videotagebuch (10). Lisa: »Die Kamera schien ein Filter zu sein für meine unausgesprochenen Emotionen.«

Lisa treibt es hinaus. Sie setzt das Gespräch gegen den Schmerz. »Ich fragte andere, wie sie den Liebeskummer überwunden hatten.« Doch es treten immer neue Probleme auf: Wie mit guten Ratschlägen umgehen? Welche Freunde sind jetzt eine Hilfe, welche eine Last? Lisa: »Umgeben von einer glücklichen Familie, fühlte ich mich nur noch mehr als Single.« Lisa erkennt, dass es die kleinen Schritte sind, die sie Stück für Stück Marc vergessen lassen. Ihre Strategie bewährt sich. Anstatt sofort alles im Griff haben zu wollen, beschränkt sie sich auf die unmittelbare Zukunft: »Nur die nächsten fünf Minuten hinkriegen, damit bin ich schon zufrieden.«

Lisas Video-Idee ist genial. Doch nicht jede hat unbedingt eine Videokamera zur Hand, die Muße und das Können, um den Kummer derart einfallsreich zu verarbeiten. Darum geht es auch nicht. Was zählt, ist Lisas Erkenntnis: Die nächsten fünf Minuten zu meistern ist sinnvoller, als sich Fragen über die ferne Zukunft zu stellen. Werde ich in einem halben Jahr noch allein sein? Es mag reizvoll sein, zu spekulieren. Doch damit ist nichts gewonnen.

## Die Checkliste der Bedürfnisse

Frauen, die eine Trennung durchmachen, neigen zu Verzweiflungstaten. Sie klemmen dem Liebsten Rosen unter den Scheibenwischer, spionieren seine Freunde aus, wachen vor seiner Haustür. Der Schwebezustand zwischen »es ist aus« und »kommen wir vielleicht nicht doch wieder zusammen?« ist schwer zu ertragen. Es gilt, die innere Zerrissenheit auszubalancieren. Dann werden nicht mehr die Umstände Sie bestimmen, sondern Sie die Umstände.

Dafür sollten Sie sich darüber klar werden, was Ihre Bedürfnisse sind.

■ *Haben Sie Angst vor dem Alleinsein?*

Informieren Sie Freunde und die Familie über den Akut-Zustand. Stürzen Sie sich in Aktivitäten. Auch wenn Sie allein in einer fremden Stadt wohnen, müssen Sie nicht verzweifeln: Schon der Gang in ein Fitness-Studio bringt etwas Ablenkung.

■ *Wollen Sie Kontakt mit ihm aufnehmen?*

Überlegen Sie es sich gut. Wenn der Schmerz frisch ist und die Sehnsucht brennend, ist die Gefahr, rückfällig zu werden, groß. Sensible Naturen sollten deshalb besser einige Monate verstreichen lassen, um ihren Immunschutz gegen den Liebesvirus zu stärken. Wenn Sie es sind, die verlassen hat, dann sollten Sie zuerst vorsichtig die Befindlichkeit des Ex-Partners ausloten. Und es akzeptieren, wenn er Sie vorläufig nicht sehen will.

■ *Wollen Sie sich mit ihm aussprechen?*

Wählen Sie für die Krisensitzung einen neutralen Ort: Ein Park, ein Café oder ein Restaurant. Im Schutz der Anonymität, wo nichts an die Gemeinsamkeit erinnert, wird es Ihnen leichter fallen, sachlich zu sein. Wenn Sie sich innerhalb der Beziehung aussprechen wollen: Lassen Sie die Sonne nicht über Ihrem Zorn untergehen: Tödlich für die Verständigung sind Streits im Bett!

■ *Noch ein letztes Mal Sex mit ihm?*

Nie war er so attraktiv wie in der Phase, in der er gegangen ist. Sex mit dem Ex ist häufiger verbreitet, als man denkt. Doch in den seltensten Fällen hilft er über die kaputte Beziehung hinweg. Wer es dennoch tun will: Seien Sie sich im Klaren, dass Sie damit keine Beziehungsprobleme lösen und keine Beziehung kitten können. Nur robuste Naturen sollten es probieren. Denn der Moment, in dem Sie auseinandergehen, ist vorprogrammiert.

■ *Wollen Sie ihn wieder zurück?*

Wenn ja, lohnt es sich zu kämpfen. Im Klartext: Sie sollten auftauchen, wo er auftaucht, und es verkraften können, ihn mit einer Anderen zu sehen. Das ist schon schwer genug. Die eigentliche Arbeit beginnt aber erst: Sie müssen nicht nur gefasst bleiben, wo sie lieber heulen würden. Nein: Es gilt auch noch, seine Aufmerksamkeit von Ihrer Rivalin weg und zu Ihnen hin zu lenken. Doch Vorsicht: Wenn er anbeißt, sollten Sie wissen, was Sie wollen. Lassen Sie sich nicht auf eine lockere Geschichte ein, wenn Sie ihn eigentlich heiraten wollen.

■ *Brauchen Sie professionelle Hilfe?*

Die Phase der Ablösung vom Partner kann noch schwieriger sein als die Trennung selbst. Gerade Paare, die über lange Zeit zusammen sind und womöglich gemeinsame Kinder haben, laufen Gefahr, sich mit dem Frust zu arrangieren. In diesem Falle kann man beispielsweise einen Eheberater, einen Paar- oder Familientherapeuten einschalten, der vermittelt und hilft, zu einer Entscheidung zu kommen. Wenn Sie sich aber entschieden haben, ein neues Leben ohne den Partner zu beginnen, sollten Sie ihn von nun an so gut es geht ausblenden. Es geht jetzt um Sie.

## Selbstzweifel

»Du warst nicht gut genug.« »Du hast alles verdorben.« »Im Grunde bist du keine liebenswerte Person.« Harte Worte. Die wahrscheinlich niemand sagen wird – außer Sie selbst. Vor allem Frauen neigen dazu, sich in Krisenzeiten selbst zu erniedrigen. Diese Art Masochismus ist grausam. Und ungerecht. Gehen Sie nicht zu hart mit sich ins Gericht.

> *Vor allem Frauen neigen dazu, sich in Krisenzeiten selbst zu erniedrigen.*

Machen Sie sich auch Ihre guten Seiten bewusst. Sie waren treu und ehrlich. Sie waren es schließlich, die die Kontakte zu anderen Paaren gepflegt hat. Und wer hat stets die Geburtstagsparties organisiert?

Sie sehen: Sie haben eine Menge zu verbuchen: Sie sind kontaktfreudig, gesellig, und ein Organisationstalent. Die Beispiele sind natürlich austauschbar. Fertigen Sie selbst eine Liste an: Links stehen Ihre Schokoladenseiten, rechts, na gut, Zartbitter.

## Was muss ich ändern, was kann ich ändern?

Zum Chamäleon ist kein Mensch geboren. Trotzdem: Spätestens wenn eine Beziehung auf der Kippe steht, ist es Zeit, sich die eigenen Schwächen einzugestehen. Doch nicht jede »schlechte« Eigenschaft lässt sich einfach in eine »gute« umwandeln. Zum Beispiel Eifersucht. Sich davon zu kurieren, dauert in der Regel Jahre. Wer für Eifersucht anfällig ist, ist ihr natürlich ständig ausgesetzt. Schätzen Sie sich ehrlich ein: Machen Sie keine Versprechen, die Sie nie werden halten können (»ich werde nie mehr eifersüchtig sein«). Stehen Sie lieber zu Ihren Schwächen und versuchen Sie, den Ursachen auf die Spur zu kommen.

> *Ändern kann man immer nur sich selbst.*
> *Selten den Anderen!*

Doch nicht alles muss unbedingt anders werden, nur weil der Partner es so wünscht: Sich dem Partner zuliebe zu ändern, ist eine heikle Sache. »Du bist mir zu dick, zu unsportlich, zu langweilig« – wer hat es nicht schon gehört. Für den anderen attraktiv zu bleiben, ist eine wichtige Voraussetzung für eine gesunde Beziehung. Trotzdem sollte man sich nicht zum Hanswurst machen, indem man die Änderungswünsche des Partners unüberprüft erfüllt. Das passiert besonders in Partnerschaften, die aus einem Ablehnenden und einem Abgelehnten bestehen, also nicht aus zwei gleichberechtigten Partnern.

Sich ändern – ein Ding der Unmöglichkeit? Nicht unbedingt. Sind es bloß Äußerlichkeiten, die stören, ist die Chance viel größer, einen Konsens zu finden. Die zerdrückte Zahnpastatube, seine Manie, das Fenster aufzureißen und die Heizung auf vollen Touren laufen zu lassen: Das sind lästige Kleinigkeiten, die man sich gegenseitig mit etwas Geduld abtrainieren kann. Seien Sie großzügig! Viele Beziehungen scheitern genau an dieser verflixten Kleinigkeitskrämerei, und sicher hat jedes Paar hier seine ganz verrückten Eigenheiten.

Und noch etwas: Ändern kann man immer nur sich selbst. Selten den Anderen!

## Nicht mit dir und nicht ohne dich

Vertrackt, diese Situation: Man kommt nicht von ihm los. Obwohl er ein Schwein ist und sein Betrug offensichtlich. Die Beziehung mit ihm ist ein Alptraum, doch ein Leben ohne ihn einfach unvorstellbar. Oft ist es jener Chaostyp, diese vertrackte Mischung aus großer Junge und kerniger Typ, der gerade den starken Frauen den Kopf verdreht.

> *Simone (29) erzählt: »Paul und ich kannten uns eine Ewigkeit, bevor irgend etwas zwischen uns lief. Er ist der Bruder meiner besten Freundin, und so trafen wir uns immer wieder auf Festen. Spannend gefunden haben wir uns von Anfang an. Als ich gerade dabei war, mich von meinem Freund zu lösen, hat mich die Vorstellung beflügelt, wie aufregend eine Beziehung mit Paul sein könnte. Ich begann mit ihm eine Affäre, noch bevor es mit Thomas zu Ende war. Die Nächte mit Paul waren unvergleichlich sinnlich. Für mich war klar: Ich gehöre zu Paul. Die Trennung von Thomas war nur noch eine Formsache. Zu lang hatten wir nebeneinander her gelebt. Doch Paul entpuppte sich als Gigolo: Auf Parties flirtete er hemmungslos. Seinen Freunden wurde ich nicht vorgestellt. Die Wochenenden verbrachte er, wo und mit wem er wollte. Er wollte sich partout nicht an mich binden! Welchem Irrtum war ich aufgesessen! Ich hatte nicht sehen wollen, dass Paul nie an einer festen Beziehung interessiert war. Zum Glück traf ich in meiner schlimmsten Phase eine Frau, die eine ähnliche Erfahrung gemacht hatte. Wir haben uns gegenseitig aus dem Sumpf gezogen.«*

Eine solche Beziehung funktioniert nur mit einem überlegenen und einen unterlegenen Part. Wer dem anderen ausgeliefert ist, ist letztlich fremdbestimmt. Mehr und mehr wird ihm oder ihr der Wille entzogen, jemand Unabhängiges zu sein und eigene Entscheidungen zu treffen. Alles dreht sich um den Angebeteten. Auf den Punkt gebracht bedeutet eine solche Beziehung viel Leid für das bisschen Aufmerksamkeit. Sich aus einer solchen Beziehung zu lösen, ist ungleich schwerer, als aus einer gleichgewichteten Partnerschaft herauszugehen. In Abhängigkeitsverhältnissen kommt der Wunsch nach Trennung erst dann auf, wenn der Leidensdruck unerträglich geworden ist. Jeder Verrat, jede Verletzung wird erstmal zum Liebesbeweis umgedeutet. Dahinter steckt nicht selten

> *In Abhängigkeitsverhältnissen kommt der Wunsch nach Trennung erst dann auf, wenn der Leidensdruck unerträglich geworden ist. Jeder Verrat, jede Verletzung wird erstmal zum Liebesbeweis umgedeutet.*

eine übergroße Verlustangst. Man liebt den anderen bis zum Wahn. Damit ist nicht zu spaßen: Wer es nicht allein schafft, sich aus einem quälerischen Verhältnis zu lösen, sollte über professionelle Hilfe nachdenken.

## Das Spiel mit der Fiktion

Liebeskummer ist ein Gefühl zwischen Hoffen und Bangen. Im frühen Stadium hält man alles für möglich, auch die Versöhnung. Die Vorsätze, ihn zu vergessen, sind schnell dahin. Es muss nur zufällig jener Song im Radio laufen, den man mit ihm hörte, damals, in jener ersten Nacht.
Wer sich gerade trennt, kann viele Überraschungen erleben. Um nicht Opfer der Umstände zu werden, sollte man, sobald der Kopf halbwegs klar ist, einige Notfallsituationen schon mal im Geiste durchspielen.

> **Gedankenspiel**
> Was wäre, wenn... ■ ich ihm begegne?
> ■ ich mehr über ihn erfahre, als mir lieb ist?
> ■ ich rückfällig werde?
> ■ er zurückkommen will?
> ■ er eine Neue hat?
> ■ ich jemand Neues kennenlerne?

Konkrete Tips für den Ernstfall finden Sie in Kapitel vier.

## Krisenmanagement –
## Strategien für schwache Stunden

Auch für Fortgeschrittene in Sachen Liebeskummer gehören Kummer-attacken über die ersten Wochen und Monate hinaus dazu. Ein Film, ein Bild, ein Ort können Erinnerungen auslösen. Die schlimmsten Krisen des Kummers ereilen Betroffene fast immer unmittelbar nach einer Trennung und die ersten Monate danach. Wie damit umgehen?

Alles allein durchstehen zu wollen, ist unsinnig. Gerade, wer sich in Grübeleien wie in einem Netz verfängt – typisch für Liebeskummernde, weil ihnen das Objekt der Qual ja nicht gegenübersitzt – braucht den Trost, die Unterstützung, den Austausch mit einer unbeteiligten dritten Person. In vielen Fällen ist es die beste Freundin, die man auch noch mitten in der Nacht aus dem Bett klingeln kann. Ein guter, platonischer männlicher Freund kann auch ein Glücksfall sein: Er kann in Krisenge-

*Alles allein durchstehen zu wollen, ist unsinnig.*

sprächen die Position des Verflossenen besser erklären – und bietet obendrein noch eine (breite) Schulter zum Anlehnen und etwas männli-che Bestätigung in einer Situation, in der man sich wie ein hässliches, hilfloses Entlein fühlt.

Doch nicht jede hat unbedingt eine mitfühlende Freundin in petto. Oder die Familie, bei der man schnell unterschlüpfen könnte, ist weit weg. In diesen Fällen sollte man sich – ohne falsche Scham – an eine Bera-tungsstelle wenden. Hotlines für Frauen in Krisensituationen, Pro Fami-

*Ein schneller Spaziergang um den Block, laut Musik hören oder schreien, das hilft schon mal über die erste Not hinweg.*

lia, Soforthilfe vom Caritas-Verband etc. gibt es fast überall. Hinweise und Telefonnummern finden Sie im Anhang dieses Buches und in den Gelben Seiten.

Wem das Herz überläuft, die sollte sich schnellstmöglich abreagieren: Ein schneller Spaziergang um den Block, laut Musik hören oder schreien, das hilft schon mal über die erste Not hinweg. Auch Sport, wie Joggen oder Tanzen – kann man beides problemlos allein machen – bringen ein schlappes Gemüt wieder auf die Höhe. Antidepressiv wirken Kapseln aus Johanniskraut, die es rezeptfrei in Apotheken gibt.

Natürlich sieht jede schlimme Kummerattacke erstmal so aus, als könnte man absolut nichts dagegen tun. Man will sich am liebsten die Decke über den Kopf ziehen. Wer der Lethargie nicht gleich nachgibt und sich noch mal rausquält, wird den wohltuenden Effekt noch am selben Tag spüren. Und von Mal zu Mal wird es leichter, sich selbst aus dem Nebel des Trübsinns zu befreien.

## Liebeskummer – ein Gewinn?

Auf den ersten Blick ist dieser Gedanke absurd. Er tut doch einfach weh. Wofür soll Liebeskummer gut sein? Nehmen wir an, Liebeskummer sei eine Art Fieber. Erkrankt der Körper an Fieber, signalisiert er damit, dass ein Krankheitserreger in ihm wütet. Das Fieber ist die Anstrengung des menschlichen Immunsystems, einen gemeinen Bazillus zu eliminieren. Schwitzen, frieren und phantasieren gehören dazu. Doch nach einer gewissen Zeit hat der Körper den Keim besiegt. Nach der Phase des

> **Liebeskummer ist eine Art Immunschutz.**
> **Und er intensiviert das Lebensgefühl.**

Kräftesammelns ist er wieder so robust wie zuvor. Liebeskummer kann man also als Immunschutz verstehen. Doch das ist nicht sein einziger Nutzen. Er intensiviert das Lebensgefühl. »In keiner Phase meines Lebens habe ich intensiver gelebt. Wenn ich Musik gehört habe, achtete ich auf jeden Ton. Jedes Streichen des Cellobogens ging mir so nah wie nie zuvor. Jedes Buch ließ in mir ungeahnte Bilderwelten entstehen. Beim Essen fiel mir auf, dass ich praktisch jedes auch nur minimal eingesetzte Gewürz plötzlich herausschmeckte«, berichtet Dietlinde (28). »Ich fühlte mich wie ein Genie der Empfindung.«

In Kapitel vier lesen Sie,

- wie unterschiedlich Frauen und Männer Trennungen bewältigen
- wie man mit Schuldgefühlen umgeht
- warum Frauen zu ihrem Ex-Freund zurückkehren
- welche Verlustängste es gibt und wie man mit ihnen umgehen lernt
- wie man ein neues Leben beginnt
- wie man sich vor Frustrationen schützt
- wie man es schafft, die eigenen Fehler zu durchschauen
- welche Säulen eine Liebesbeziehung braucht
- warum Frauen und Männer fremdgehen
- wie (gut) es sich als Single leben lässt
- wie man Kummer kreativ nutzen kann

# 4. Kapitel
# Zeit für Veränderungen

## Den Abschied akzeptieren

«Ich komme einfach nicht von ihm los.« »Er liebt mich, er weiß es bloß nicht.« »Eigentlich war Micha doch der beste.« Das Liebäugeln mit dem, was war, bedient das süße Gefühl der Melancholie nur zu gut. Vor allem, wenn man selbst nicht so genau weiß, was man eigentlich will. Liebeskummer ist ein Gefühl, das sich aus der Vergangenheit speist. Die Erinnerungen an schöne Zeiten machen es schwer, die Gegenwart zu bewältigen. Doch wer ausschließlich alten Freuden nachhängt, entzieht sich damit dem Prozeß des Entliebens. Im nächsten Abschnitt erzählt Markus, wie er es geschafft hat, sich Stück für Stück von der alten Liebe loszumachen.

## »Ihre Motive dürfen mich nicht interessieren«

»Zweieinhalb Jahre ist es her, daß sich Katja von mir getrennt hat. Auf einem Fest traf sie einen alten Schulfreund wieder – und verliebte sich in ihn. Die viereinhalb Jahre Beziehung, die wir hatten, lösten sich auf einmal in Luft auf. Der Neue war nur ein Auslöser für das, was schon lang in Katja gärte. Sie sagte, sie bräuchte erstmal Zeit für sich allein«, erzählt Markus (30). Markus hat unter der Trennung gelitten »wie ein Hund«. Erst jetzt, nach über zwei Jahren, hat er seine Strategien entwickelt, um nicht ständig an sie denken zu müssen. »Ich habe aufgehört, Katja verstehen zu wollen. Natürlich könnte ich tausend Gründe finden, warum sie diesen Wandel gebraucht hat. Doch genau das wäre Gift für mich: Mich so sehr in sie hineinzuversetzen, dass ich mich dabei vergesse. Dann dreht sich alles nur um sie. Und ich verliere aus den Augen, was ich eigentlich will: endlich eine klare innere Distanz.«
Markus hängt noch immer an Katja. Er hat ihr immer wieder Angebote gemacht, zurückzukommen. Wäre sie darauf eingegangen, hätte er sie geheiratet. Obwohl sie ihm sehr weh getan hat. »Die Vorstellung, dass jemand anders sie nur berührt, hat mich halb wahnsinnig gemacht. Das Schlimmste war, als ich erfuhr, dass sie mit dem Neuen in ›unserem‹ Hotel an der Riviera war.«
Markus hat seine Beziehung zu Katja genau analysiert. »Mir hat es geholfen, festzustellen, dass die Begegnung zweier Menschen immer ein Zufall ist. Und trotzdem glaubt man, dass diese zufällige Begegnung das einzig Wahre ist. Solange man davon nicht loskommt, ist man für jeden anderen Partner blockiert und hört nicht auf zu leiden. Sicher: Ich habe mit Katja meine Studienzeit geteilt, mit ihr eine Zeitlang in einem einzigen WG-Zimmer gehaust. Das werde ich mit keiner anderen Frau mehr erleben. Auch jetzt treffen wir uns noch manchmal und verbringen traumhaft schöne Abende miteinander, die ich im nachhinein fast als Fluch empfinde. Denn sie machen es mir schwer, endgültig von ihr loszukommen.« Deshalb hat Markus Konsequenzen gezogen. »An der Uni hörte ich mehr über Katja, als mir lieb war. Dazu kamen noch Bemerkungen: So eine wie Katja findest du bestimmt nicht so leicht wieder. Als ob ich das nicht selbst wüsste! Nach und nach habe ich den Kontakt zu den Kommilitonen abgebrochen. So konnte ich auch endlich Abstand gewinnen.«

## Vorsicht, Glatteis!

Markus gerät immer wieder in Situationen, in denen er mit Katja konfrontiert wird. »Wir waren beide auf die Hochzeit eines Freundes eingeladen. Den ganzen Abend saßen wir zusammen. Für alle sah es so aus, als würden wir gerade wieder ein Paar werden. Als ich Katja dann nach Hause brachte, folgten uns vielsagende Blicke. Dabei war gar nichts.« Beinahe hätte sich Markus da etwas hineindeuten lassen, was nicht mehr besteht: Die Freunde sehen beide vergnügt das Fest verlassen und ziehen daraus (die falschen) Schlüsse. Für die Entliebten kann das schwierig sein. Man erwartet fast, dass die beiden wieder zusammenkommen. Das macht es doppelt schwer, die mühsam hergestellte Distanz aufrechtzuerhalten.

Was tun? Wenn die Umwelt kein Feingefühl zeigt, sollte man schon mal mit dem Zaunpfahl winken: »Es ist nicht so, wie ihr denkt.« Dieser Satz wirkt wie ein Schutzschild gegen Projektionen. Und man versichert sich selbst und dem anderen damit, was Sache ist.

## Liebeskummer – für Frauen und Männer dasselbe?

Verlassene Männer trösten sich nach einer Trennung in der Regel schneller mit Sex als Frauen. Das wirkt auf ihr Ego stabilisierend und bestätigt ihre Männlichkeit. Das muss aber nichts heißen. Männer tun sich mit dem Entlieben schwerer als Frauen – auch wenn es anders aussieht. Die

> *Männer tun sich mit dem Entlieben schwerer als Frauen – auch wenn es anders aussieht.*

Wiener Psychologin Gerti Senger hat für ihre Dissertation über das Thema Liebeskummer jeweils 30 Frauen und Männer darüber befragt, wie sie ihren Kummer verarbeiten (11). Die hervorstechendsten Ergebnisse: 60% der Frauen, aber nur halb so viele Männer fühlten sich durch eine Trennung existentiell bedroht. Doch dies ist der einzige Punkt, in dem sich das Vorurteil, Frauen litten mehr am Kummer, bestätigt.

Männer gehen mit Liebeskummer grundsätzlich anders um. Sie neigen eher dazu, ihren inneren Konflikt im stillen Kämmerlein mit sich auszutragen oder ihn zu verdrängen. Nur 30% der befragten Männer vertrauen sich in ihrer Seelennot Außenstehenden an. Im Vergleich tun dies

*Männer neigen dazu, ihren Liebeskummer still für sich auszutragen oder ihn zu verdrängen.*

93% der Frauen. Doch das Klischee des starken Mannes gehört zum Glück der Vergangenheit an: 90% der befragten Männer haben aus Liebeskummer schon mal geweint – das sind 65% mehr als bei einer vergleichbaren Studie, die Anfang der siebziger Jahre durchgeführt wurde. Unter »mangelnder Lebenslust« leiden nach einer Trennung 70% der

*Liebeskummer schlägt oft auf den Magen, bei Männern und Frauen gleich häufig.*

Männer, aber nur 47% der Frauen. Männer werden häufiger von Lethargie und Depressionen gebeutelt. 57% leiden an mangelnder Energie, und 67% werden sogar schwermütig. Bei den Frauen klagen nur 37% über einen Durchhänger und 47% über Depressionen. 43% der Männer denken sogar an Selbstmord – aber nur 27% der Frauen. Reaktionen wie Gewichtsabnahme von drei bis sechs Kilo oder psychogene Störungen wie Magen-Darm-Beschwerden sind bei Männern wie bei Frauen ähnlich hoch – um die 70%.

## Was tun, wenn er nicht von mir loskommt?

Auch Männer können zu sehr lieben. Und manche neigen zu Verzweiflungstaten. Sie schließen sich wochenlang ein, sind permanent betrunken oder lassen ihre Wut am Gaspedal aus. Doch dabei bleibt es nicht unbedingt. Männer, die verlassen werden, machen Terror, lauern der Ex-Geliebten auf, verprügeln den Konkurrenten, begehen Rufmord oder gar ein Verbrechen aus Leidenschaft.

Wie geht man damit um? Vorsichtig und behutsam. Wer einen cholerischen Ausbruch fürchtet, sollte für klärende Gespräche einen unparteiischen Dritten oder einen Beschützer mitnehmen. Doch einem unbere-

**Auch Männer können zu sehr lieben.**

chenbaren Mann ist mit Vorsicht zu begegnen. Wer bedroht wird, sollte nicht zögern, die Polizei einzuschalten. Auf keinen Fall sollte man um des lieben Friedens oder um der Kinder willen wieder in die Höhle des Löwen zurückkehren.

## Die Crux mit dem Mitleid

»Er ist ja so hilflos ohne mich.« »Er kann ohne mich nicht leben.« Mitleid ist kein Motiv für einen Neuanfang. Und schon gar keine Basis für die Weiterführung einer Beziehung. Doch nicht immer bedeutet Mitleid auch wirklich Mitleid. Vielleicht bleibt man bei dem Partner, weil man

*Mitleid ist kein Motiv für einen Neuanfang.*
*Und schon gar keine Basis für die Weiterführung*
*einer Beziehung.*

sich eben doch nicht traut, die eigenen Ziele zu verwirklichen. Gerade wenn der Leidensdruck nicht groß genug ist – mitleiderregende Partner »vergöttern« ja oft den anderen – ist es schwer, den Absprung zu schaffen beziehungsweise die Distanz aufrecht zu erhalten. Man ist ja unentbehrlich. Doch wer eine Trennung allzu lang aufschiebt, macht es sich immer schwerer, zu gehen.
Gerade dominante Frauen machen in Beziehungen mit »schwachen« Männern häufig einen Fehler: Sie sind überfürsorglich und reißen die Verantwortung für den Partner geradezu an sich. Sie regeln die Verabredungen, planen seine Karriere und bemuttern ihn – anstatt eine gleichwertige Partnerin zu sein und der Psychodynamik des Partners eine Entfaltungsmöglichkeit zu geben.

## Die Angst, den anderen zu zerstören

Wer geht, muss den Zusammenbruch des anderen verkraften können: ihn allein lassen und mit den eigenen Schuldgefühlen klarkommen. Schuldgefühle entstehen, wenn der andere leidet und man sich selbst dafür die Schuld gibt. Doch der Begriff Schuld passt in diesem Zusammenhang gar nicht: Für ein Gefühl, das irgendwann aufhört, darf man niemanden schuldig sprechen. Niemand hat ein erklärtes Recht auf Liebe. Liebe ist freiwillig, endende Liebe kein Vergehen. Doch diese Einsicht verhindert nicht unbedingt, dass Schuldgefühle aufkommen. Sie sollten aber nie ein Hinderungsgrund sein, eine hoffnungslose Beziehung aufzugeben.

> *Für ein Gefühl, das irgendwann aufhört,*
> *darf man niemanden schuldig sprechen.*

Man kann sich das Auseinandergehen gegenseitig erleichtern und die Schuldgefühle damit klein halten: Wer dem anderen gegenüber fair ist und ihn nicht mit falschen Hoffnungen hinhält, tut damit alles, was man in einer solchen Situation tun kann.

## Hilfe, ich werde rückfällig!

Eine Untersuchung der Münchner Gesellschaft für Rationelle Psychologie im Oktober 1995 für die Zeitschrift »ELLE« hat die Gründe untersucht, warum Frauen zu ihrem Ex-Freund zurückkehrten:

57% stellten fest, dass andere Männer auch nicht besser sind.
46% kehrten zu ihm zurück, weil er sich gebessert oder Besserung gelobt hatte.
36% liebten ihn trotz aller Probleme immer noch.
31% hatten unter ihrer Einsamkeit zu sehr gelitten.
23% hatten keinen anderen Partner gefunden.
19% fanden, dass ihre Probleme nicht so groß sind, wie sie geglaubt hatten.
17% waren vom Partner emotional abhängig oder sexuell hörig.

Als weitere Gründe wurde genannt: berufliche Abhängigkeit, Finanzen, Kinder, er kann nicht ohne sie leben, alle raten zu einem neuen Versuch, Erpressung, Bedrohung, um den eigenen Eltern einen Gefallen zu tun. Interessant wäre zu wissen, was die Frauen nach einem Jahr über ihre Entscheidung, dachten.

Monika (28) hat sich schon mehrmals getrennt und ist immer wieder zu ihrem Partner zurückgekehrt. Sie resümiert: »Wir kommen einfach nicht voneinander los. Klaus ist meine erste Liebe. Weil wir uns schon sehr lang kennen, ist der Gedanke, ohne den anderen zu sein, fast unvorstellbar. Doch ich habe in meinen Ausbrüchen eine wichtige Erfahrung gemacht. Es gibt eine Reihe anderer Männer, mit denen ich leben könnte. Das hat unsere Beziehung vom Sockel geholt. Ich fühle mich Klaus längst nicht mehr so ausgeliefert wie am Anfang unserer Beziehung. Nach wie vor ist er derjenige, mit dem ich alt werden möchte.« Silvia (25) hat andere Erfahrungen gemacht. »Nach unserem Neuanfang gaben wir uns beide enorm Mühe. Doch nach und nach schlichen sich wieder die alten Probleme ein, die gähnende Langeweile einer gut eingespielten, aber eigentlich toten Beziehung. Der Auslöser unserer Trennung war Untreue, von beiden Seiten. Auch jetzt, nach der Versöhnung, steckt uns das Mißtrauen tief in den Knochen. Ich glaube nicht, dass wir das jemals los werden. Ich ertappe mich immer öfter dabei, dass ich von einem wirklichen Neuanfang träume – ganz ohne Altlasten. Aber das ginge wohl nur mit einem neuen Mann.«

## Die vielen Gesichter der Trennungsangst

Eng verbunden mit dem Verlangen, nochmal in die alte Beziehung einzusteigen, sind Trennungsängste. Sie überfallen aber auch jeden anderen, der gehen will. Die Gesellschaft für Rationelle Psychologie liefert in der bereits genannten Studie auch zu diesem Thema Zahlen:

55% der Frauen haben Angst vor dem Ärger und der Aufregung einer Trennung.
53% fürchten die finanziellen Einbußen.
46% wollen nicht allein sein.
36% haben Angst, ihn doch mehr zu brauchen, als sie sich eingestehen.
34% fürchten, die Entscheidung zu bereuen.
30% haben Angst, nicht mit dem Leben zurechtzukommen.
29% fürchten, keinen neuen Partner mehr zu finden.

Damit nicht genug: Die Angst, Vorwürfe aus der Familie zu bekommen, Freunde zu verlieren, den Kindern zu schaden oder sie gar hergeben zu müssen, als Versagerin dazustehen, aber auch die Furcht vor einem Partner, der plötzlich durchdreht, hindern viele an der Trennung.

**Trennungsangst, das ist die Angst vor dem Alleinsein, vor dem Verlust des Selbstwertgefühls und vor Prestigeverlust.**

Grundsätzlich lassen sich Trennungsängste in drei Motive zusammenfassen: die Angst vor dem Alleinsein, vor dem Verlust des Selbstwertgefühls und vor Prestigeverlust. Nachfolgend erfahren Sie, wie man sich diese Ängste »abtrainieren« kann.

## Einsamkeit

Die Angst vor dem Alleinsein ist in Zeiten, in denen Beziehungen immer schneller auseinanderbrechen und traditionelle Großfamilien schon fast Museumswert haben, ein heißes Eisen. Im Gegensatz zu Gleichaltrigen

> **Es wird viel von den Twentysomething verlangt:**
> **Gut drauf, relaxt und smart sein!**

in vielen anderen europäischen Nachbarländern zieht es die meisten jungen Deutschen und Schweizer nach der Ausbildung in eine eigene Wohnung – was für eine italienische oder spanische Familie in der Regel nicht zu bezahlen ist. Die neue Freiheit bringt Tücken mit sich: Trotz Single-Treffs und Fisch-sucht-Fahrrad-Feten ist es nicht gerade einfach, jemanden kennenzulernen. Gut drauf sein, relaxt sein, smart sein: Es wird viel verlangt von der Generation der Twentysomethings. Doch äußere Umstände machen es immer schwerer, sich für andere zu öffnen. Stichwort Konkurrenzdruck: Mangelnde Lehrstellen, überfüllte Unis, drohende Arbeitslosigkeit bei sinkender sozialpolitischer Absicherung wirken sich auf die Alltagsbeziehungen aus. Auch die Art der Kontaktaufnahme hat sich gewaltig geändert: Wer zwecks Verabredung zum Telefon greift, scheitert garantiert bei vier von fünf Nummern am Anrufbeantworter. Der heiße Draht – kaltgestellt. Und überhaupt: Ohne E-Mail-Adresse ist man sowieso nur ein halber Mensch. Warum sich die Mühe machen, rauszugehen, wo man doch wunderbar per World Wide

> **Alleinsein ist kein persönliches Versagen.**
> **Es befriedigt wichtige emotionale Bedürfnisse.**

Web miteinander kommunizieren kann? Jung und einsam: Das ist ein gefährlicher Trend in einer Gesellschaft, die mehr und mehr an Nähe und Vertrautheit verliert.
Was hilft? Vielleicht einfach schon, nicht immer den Ansprüchen anderer genügen zu wollen. Sich selbst treu bleiben. Höher, schneller, weiter: Wozu? Und für wen? Warum nicht den Samstagabend vor der Glotze

hängen? Auch wenn es der vierte im Monat ist? Warum nicht preisgeben, dass man nicht auf drei Hochzeiten gleichzeitig tanzt, sondern Zeit
hat? Alleinsein ist schließlich kein persönliches Versagen. Es befriedigt
wichtige emotionale Bedürfnisse.

## Alleinsein kann glücklich machen

Sicher: Menschen, die unfreiwillig allein sind, empfinden Alleinsein
schnell als Einsamkeit. Doch im Grunde braucht jeder Mensch den tem-
porären Rückzug, um Eindrücke zu verarbeiten und um sich zu regene-
rieren. Auch der Körper ist so gesteuert, dass Ruhephasen sich mit Akti-
onsphasen abwechseln. Warum das also nicht der Seele zugestehen?
Alleinsein gibt die Möglichkeit zur inneren Einkehr. Der Psychologe
Daryl Pedersen kommt zu folgendem Schluss: »Der Rückzug gibt Menschen die Chance, darüber nachzudenken, wer sie sind, was mit ihren
Beziehungen los ist und welche Ziele sie haben. Es ist eine Art Innehal-
ten, eine Art Sich-selbst-Definieren« (12). Auch wenn die Abgeschie-
denheit zunächst unangenehm empfunden wird: Einsamkeit fördert die
Kreativität. Die Gedanken, mit denen man unausgesprochen »schwan-
ger geht«, bleiben von außen unbewertet – was notwendig ist, um neue
Ideen zu entwickeln und weiterzuspinnen.

> *Jeder Mensch braucht den temporären Rückzug,*
> *um Eindrücke zu verarbeiten und um sich*
> *zu regenerieren.*

Temporäre Einsamkeit fördert auch die Selbstbestimmung. Wer eine
Zeit ohne Trubel verbringt, lernt sich selbst besser kennen und wächst
durch die Stille über das Bedürfnis, ständig jemanden um sich haben zu
müssen, hinaus.
Viele Menschen, die sich für eine Weile zurückgezogen haben, berichten
auch von spirituellen Erfahrungen, Kontakten mit einem »höheren
Wesen«, einem Zwiegespräch mit einer Gottheit, Erfahrungen von innerer Stärke.

Nicht allen fällt es leicht, sich für eine Zeit zurückzuziehen. Obwohl das Bedürfnis bei Männern wie bei Frauen besteht, suchen Frauen den Rückzug eher mitten im Alltag, während Männer sich meist deutlich von anderen isolieren, indem sie allein wandern, angeln oder Rad Fahren gehen. 10% der Bevölkerung, so schreibt das Fachblatt »Psychologie heute«, verspüren einen regelrechten Drang nach Einsamkeit. Wer glaubt, es handle sich hierbei um Menschen, die deshalb allein sein wollten, weil sie es müssen, täuscht sich: Gerade Menschen, die viele Freun-

> *Gerade Menschen, die viele Freunde und viel Möglichkeit zum Gedankenaustausch haben, begeben sich gern in Klausur.*

de und viel Möglichkeit zum Gedankenaustausch haben, begeben sich gern in Klausur.

## Wenn Einsamkeit weh tut – mentale Strategien

Einsamkeit ist im Grunde eine wichtige Erfahrung, die zum Leben dazugehört. Doch wer damit absolut nicht klarkommt, empfindet die Einsamkeit als unerträgliche Last. In diesem Fall können folgende Strategien helfen:

- Wenn gerade mal keiner Zeit für Sie hat: Sehen Sie sich nicht als bewusst alleingelassener Einzelfall. Trennung, Kummer, Umzug, neue Uni, Jobwechsel, die Geburt des ersten Kindes: In all diesen Fällen ist Neuorientierung gefragt. Millionen Menschen sind Jahr für Jahr im Aufbruch.

- Schrauben Sie Ihre Ansprüche herunter. Wer gerade allein ist, wird leicht maßlos. Warum bin ich jetzt nicht mit einem Verehrer zum Candlelight-Dinner verabredet? Warum lädt mich keiner zu einer Party ein? Ein kleines Abendessen mit einer Freundin, ein spontaner Spaziergang sind leichter zu realisieren. Und nicht unbedingt weniger spannend.

■ Ergreifen Sie Initiative. Warum immer warten, bis andere anrufen?

■ Wer viel allein war, büßt Redegewandtheit ein, bewegt sich weniger selbstverständlich, kommt sich vielleicht verkrampft vor. Zwiegespräche vorm Spiegel sind eine gute Übung, selbstsicherer zu werden.

■ Stellen Sie sich Aufgaben. Pflanzen umzutopfen, Briefe zu schreiben oder den Kleiderschrank auszumisten hilft, die Ziellosigkeit zu bekämpfen.

■ Wie fühlt sich das Alleinsein an? Ein nächtliches Bad in der Menge geht auch allein – und ist keineswegs langweilig. Im Gegenteil: Vielleicht entstehen gerade daraus interessante Begegnungen. Tip: Wer nicht gerade eine Stammkneipe hat, in der »er« auch nicht mehr verkehrt: Kino oder Club sind ein guter Anlaufpunkt für den ersten Solo-Auftritt.

■ Verbieten Sie sich das Grübeln. Versuchen Sie, zumindest eine Stunde an etwas Schönes zu denken.

# So stärken Sie Ihr Selbstbewusstsein

Die Angst, einsam zu sein oder nach einer Trennung als Versagerin dazustehen, wird nicht zuletzt von außen geschürt. Auch wer ständig grübelt, macht auf Dauer sein Selbstvertrauen kaputt. Lernen Sie, derartige Attacken auszuschalten. Das folgende Sechs-Punkte-Programm soll Ihnen dabei helfen:

- Machen Sie sich unabhängig von der Meinung anderer. »Robert war wirklich ein netter Kerl«, sagt Ihre Mutter vielleicht, weil sie ihn für den idealen Schwiegersohn hielt. Das machte ihn aber immer noch nicht zu einem soliden Partner! Bitten Sie Angehörige und Freunde, nicht mehr von ihm zu reden.
- Vergleichen Sie sich nicht ständig mit anderen. Das hält Sie nur davon ab, konstruktive Nabelschau zu betreiben.
- Arbeiten Sie an Ihrem eigenen Stil. Damit ist nicht unbedingt gemeint, wie Sie sich kleiden: Stil bezieht auch Einstellungen, Ihre Lebenshaltung mit ein.
- Finden Sie Ihre Stärken und Schwächen heraus. Schreiben Sie auf, wie Sie sich in bestimmten Punkten einschätzen, beispielsweise Ihre Attraktivität, Gesprächsbereitschaft, Auftreten. Bitten Sie eine gute Freundin oder die Geschwister, Sie in diesen Punkten zu beurteilen. Vergleichen Sie anschließend beide Listen: Sie werden staunen. Bestimmt haben Sie sich viel schlechter eingeschätzt als andere Sie sehen!
- Seien Sie kindlich. Sie lieben Märchenstunden? Verkleidungsaktionen? Vanillepudding? Erinnern Sie sich daran, was Sie als Kind gern gemocht haben. Damit kann man sich wunderbar trösten – und kommt sich fast von allein ein ganzes Stück näher.
- Sich selbst zu gefallen, ist jetzt das Gebot der Stunde. Und dafür muss man nicht unbedingt in einen Kaufrausch verfallen. Freunden Sie sich mit Ihren kleinen Mängeln an. Die Nase ist etwas zu groß geraten? Macht nichts. Die von Barbra Streisand ist auch nicht gerade winzig.

## Die Sache mit den Finanzen

Eine Trennung bedeutet oft Umzug, Neuorientierung, vielleicht sogar berufliche Veränderungen. Viele Frauen haben Angst davor, vielleicht mit weniger Geld neu anfangen zu müssen. Doch zum Glück haben heute mehr Frauen als je zuvor einen Beruf. Viele Betroffene stürzen sich aus Liebeskummer in die Arbeit. Die Journalistin Susanna (30) erzählt: »Mein Mann war abends immer häufiger weg. Er fand jedes Mal einen neuen Grund, warum ich nicht mitkommen durfte. Irgendwann habe ich

*Geld sollte kein Grund sein, bei einem Partner zu bleiben, den man lieber verlassen möchte.*

mich damit abgefunden, meine Abende allein zu verbringen. Und begonnen, Bücher zu schreiben. Das erste schrieb ich, ohne dafür einen konkreten Auftrag zu haben. Dann kamen Folgeaufträge. Das Schreiben war anfangs das Ventil für meinen allabendlichen Frust gewesen. Mit der Zeit brachte es mir jenes Selbstbewusstsein zurück, das ich im Laufe meiner Ehe verloren hatte.« Geld sollte kein Grund sein, bei einem Partner zu bleiben, den man lieber verlassen möchte. Auch wenn es ein gemeinsames Haus gibt und gemeinsame Schulden: Sammeln Sie Informationen, wie Sie auch in diesem Punkt glatt auseinanderkommen. Keine Bange: Schon Zigtausende anderer Paare waren in der gleichen Situation!

## Erste Schritte in Richtung neues Leben

Die Zeit und Energie, die Sie früher in die Beziehung gesteckt haben, haben Sie jetzt ganz für sich allein. Das ist eine Riesenchance. Doch Ihr Selbstbewusstsein steht in der Phase der Veränderung noch auf wackeligen Beinen. Deshalb: Muten Sie sich nicht zu viel zu. Verlangen Sie nicht, alles sofort können zu müssen. Umschiffen Sie Situationen, die Ihnen weh tun. Aber gehen Sie zielstrebig nach vorn. Bestimmte Dinge tun jetzt gut, andere sind Gift. Die zwei folgenden Zehn-Punkte-Programme sollen Ihnen als Orientierung dienen, wie Sie sich selbst positiv beeinflussen können.

## 10 Dinge, die Sie jetzt tun sollten

■ Seine Zahnbürste, die Bettwäsche, die Urlaubsfotos, seine Lieblingsmusik: aus den Augen!

■ Ans Licht gehen: Sonne hilft gegen Niedergeschlagenheit. Sie stimuliert die Zirbeldrüse, nimmt die Lethargie. Wenn gerade schlechtes Wetter ist: Ein Solarium hat einen ähnlichen Effekt (aber bitte nur einmal pro Woche).

■ Sauna- und Dampfbäder machen den verkrampften Körper wieder locker – und schön!

■ Räumen Sie die Wohnung um. Äußere Veränderungen helfen, die inneren zu bewältigen.

■ Ändern Sie Ihr Aussehen, zum Beispiel mit einer neuen Lippenstiftfarbe, einer neuen Frisur. Weg mit den alten Zöpfen!

■ Wechseln Sie nach und nach die Szene. Andere Kneipe, neues Vergnügen!

■ Aktivieren Sie alte Kontakte, die Sie während der Beziehung vernachlässigt haben.

■ Wenn Sie es nicht aushalten, allein zu sein: Laden Sie sich Leute zum Essen ein. Jeder Gast soll jemand mitbringen, den oder die Sie nicht kennen. So lernen Sie auf einen Schlag viele neue Leute kennen. Und werden garantiert zurückeingeladen.

■ Fangen Sie mit Sachen an, die Sie schon immer mal machen wollten, aber für die Sie bisher keine Zeit hatten. Zum Beispiel Italienisch lernen.

■ Planen Sie kritische Tage wie Silvester oder Weihnachten frühzeitig. Etwas vorzuhaben gibt Sicherheit.

### 10 Dinge, die Sie meiden sollten

- Den Kummer mit Alkohol, Tabletten oder anderen Drogen betäuben.
- Um seine Liebe betteln.
- Ihn ausspionieren.
- Seine Neue beschimpfen.
- Ihm Liebesbriefe schreiben – und abschicken.
- Ihm Drohbriefe schreiben – und abschicken.
- So tun, als hätte man längst einen Neuen.
- Seine Eltern oder Freunde bearbeiten, dass sie ihn umstimmen.
- Überall auftauchen, wo er auftaucht (das ist nur was für Kämpfernaturen).
- Ihn nachts anrufen – und auflegen, wenn er abnimmt.

## Die Erinnerung: Heulen erlaubt!

In jeder Phase der Trennung kommen Erinnerungen hoch. Es ist klar, dass man sich nicht gegen sentimentale Gefühle wehren kann. Sentimentalität ist die schöne Seite des Kummers. Sie tut weh, stellt aber das Vergangene in einem gleißenden Licht dar, als sei alles wunderbar gewe-

*Sentimentalität ist die schöne Seite des Kummers. Sie tut weh, stellt aber das Vergangene in einem gleißenden Licht dar.*

sen. Natürlich stimmt das nicht. Aber manchmal will man es einfach nicht wissen. Das ist ganz in Ordnung: Lassen Sie Ihren Gefühlen freien Lauf, wenn es Sie überkommt. Haben wir nicht als Kind auch geweint, wenn etwas weh tat? Wenn wir Sehnsucht nach der Mutter hatten oder Hunger? Weinen Sie sich frei. Auch als Erwachsene darf man sich ruhig mal gehen lassen. Im Kino, bei guten Freunden, in der Familie oder in einer stillen Minute allein spülen Tränen die unerträglichen Spannungen aus dem Körper. Und danach fühlt man sich wie befreit. Vielleicht überkommt es Sie auch, und Sie möchten die Urlaubsfotos, die Sie in der hintersten Schrankecke verstaut hatten, ansehen. Tun Sie es, wenn Sie an nichts anderes mehr denken können. Aber bringen Sie sich dazu, sie auch wieder wegzupacken.

## So umschiffen Sie Frustrationen

»Die Männer sind doch eh' alle gleich.« »Ich baue sowieso nur Mist.« »Ich mache mir keine Illusionen mehr.« Wer sich entliebt, sieht die Welt plötzlich mit anderen Augen. Auf einmal wird jedes Detail des Lebens mit einem nie gekannten Zynismus kommentiert. Man neigt dazu, schwarz zu sehen. Männer? Taugen zu nichts. In der eigenen Haut fühlt man sich sowieso nicht mehr wohl. »Ich bin sowieso viel zu pummelig/ schüchtern/ verklemmt. Meine besten Zeiten sind dahin. Und auf die anderen ist auch kein Verlass. Die Familie? Hat keine Ahnung. Die Freunde? Wollen alles besser wissen. Ist doch alles nur noch zum Davonlaufen.« Frust ist auch zum Davonlaufen. Die Spirale der schlechten Gedanken schraubt sich immer weiter, höher, schneller. Man findet, was man finden will: Unfreundlichkeit, Lieblosigkeit, Unsensibilität. Die Prophezeiung, alles sei »nur noch öde«, erfüllt sich im Nu von

> *Wer sich entliebt, sieht die Welt plötzlich mit anderen Augen. Auf einmal wird jedes Detail des Lebens mit einem nie gekannten Zynismus kommentiert.*

selbst, weil man auf Nörgeln und Pampigsein abonniert ist. Frustrationen entspringen gewissermaßen einer Abstumpfung. Man macht sich dicht, damit ja nichts wehtut. Man schränkt die Sinne ein: Sehen tut man nur noch das Übel. In der Stadt sind nur noch Quasimodos unterwegs. Die Nase registriert eher »Gestank« denn »Duft«. Die Ohren vernehmen nur Lärm.

Was hilft? Schritt eins heißt: Sensibilisieren Sie Ihre Sinne. Sehen Sie wirklich nur Grau in Grau? Wird wirklich nur Übles (womöglich über Sie) gesprochen? Stinkt die Welt tatsächlich vor Verlogenheit? Trainieren Sie Ihre Wahrnehmung. Achten Sie genau auf Ihre Eindrücke. Versuchen Sie, Ihre Empfindungen aufzuschlüsseln. Wenn Sie das Essen gut finden, dann überlegen Sie, warum: Welche Gewürze sind enthalten? Wie wirken die Farben der Karotten etc. auf Sie? Dasselbe gilt für akustische Eindrücke: Spricht jemand laut oder leise, sanft oder rauh? Welche Gefühle löst das bei Ihnen aus? Durch diese Übung lernen Sie, Zwischentöne wahrzunehmen, zuzuordnen und zu deuten. So werden Sie nach und nach mehr wahrnehmen und schließlich differenzierter empfinden.

Der zweite Schritt zur Besserung heißt Buchführung. Legen Sie sich eine Frust-Liste an. Notieren Sie alle gedanklichen Flüche, alle Selbstzweifel, jeden zynischen Gedanken. Und auch alle vorschnellen Urteile, nach dem Motto: Das habe ich ja schon immer gewusst. Sie werden schockiert sein, was da zusammenkommt. Und dieser Schock hat etwas Heilsames.

Ein dritter Schritt im Kampf gegen den Frust ist Ihr ganz persönliches Wohlfühlprogramm. Starten Sie jeden neuen Tag mit einer Wunschliste. Planen Sie mindestens eine Wohltat ein für: den Körper (Spaziergang, Sauna, Sport), den Kopf (ein gutes Buch, ein Gespräch mit einer Freundin), Ihre Gefühlswelt (Nabelschau, sich sensibilisieren) und Ihr Bedürfnis nach Kontakten (Kneipe, Sport, Kultur). Es geht nicht darum, alles zu erfüllen und abzuhaken. Ziel der Übung ist, sich möglichst viel Gutes zu tun und daraus allmählich die Selbstsicherheit zu gewinnen, für sich selbst gut sorgen zu können.

## Statt Frust: Die Kraft der Sehnsucht

Liebe und Beziehungen speisen sich zu einem großen Teil aus Sehnsucht. Wer sich nie gesehnt hat, hat nie wirklich die Freude gespürt, endlich das zu bekommen, was sie wollte. Der lang ersehnte Urlaub. Ihn wiedersehen, endlich! Der unbestimmte Zeitfaktor Sehnsucht ist ein wichtiger Antrieb, um sich für eine neue Beziehung bereit zu machen. Anders als der Frust, stimuliert die Sehnsucht, bringt uns in den Zustand freudiger Erregung und steigert die Liebesfähigkeit. In der Romantik des 19. Jahrhunderts ist die Sehnsucht ein beliebtes Motiv in Dichtung und Malerei. Sie ist quasi das Gütesiegel für die wahre Liebe. Im ausgehenden 20. Jahrhundert tun wir uns mit der Sehnsucht schwer. Die Instant-Mentalität der Zack-Zack-Gesellschaft, die Abwertung von dynami-

> *Die Sehnsucht stimuliert uns,*
> *bringt uns in den Zustand freudiger Erregung*
> *und steigert die Liebesfähigkeit.*

schen Begriffen wie »Abwarten« oder »Langsamkeit« bringt uns um so manches Vergnügen. Sehnsucht kann helfen zu reifen: Wer sich sehnt, denkt schon mal über den Ernstfall nach: Was tue ich, wenn ich einem interessanten Menschen begegne? Wie verhalte ich mich? Die Sehnsucht schult und bereitet vor. Doch sie kann noch mehr, gerade in der Phase des Liebeskummers. Der Paartherapeut Jürg Willi beschreibt es so: »Eine zerbrochene Liebesbeziehung mit einer langen Trauer- und Verunsicherungsphase, das Wiederaufkeimen von Hoffnung und Sehnsucht im Anschluss an schmerzlich erfahrene Einsamkeit können Anlass geben, überspannte und unrealisierbare Ansprüche an eine Partnerschaft zu reduzieren und flexibel und anpassungsbereit sich auf das Mögliche zu beschränken« (13).

### Das Drehbuch der Love Story

Verliebtsein bis in alle Ewigkeit, Treue bis ans Ende der Tage, und garantiert nie Langeweile.
Im Grunde hat jeder eine bestimmte Vorstellung vom großen Glück im Kopf, wenn er eine Beziehung eingeht. Der amerikanische Paartherapeut Robert J. Sternberg vermutet hinter jeder Liebesbeziehung eine Art Drehbuch – das die Entwicklung der Love Story bestimmt (14). Doch es ist nicht etwa so, dass jeder das gleiche Drehbuch im Kopf hätte: Jeder Mensch bringt seine eigene »Story« in die Beziehung ein, die gespickt ist mit Vorstellungen und Wünschen. In einer Partnerschaft prallen nun zweierlei verschiedene Vorstellungen aufeinander, die ein Paar ausein-

anderbringen können. Es sei denn, man findet heraus, was die eigene Story ist, und ist bereit, das Drehbuch umzuschreiben – sprich, die Vorstellungen mit denen des Partners abzugleichen!

## So kommen Sie Ihrer Story auf die Spur

Finden Sie heraus, welche Ansprüche und Erwartungen Sie an Ihren Partner gestellt haben. Beantworten Sie die folgenden Fragen so ehrlich wie möglich.

- Der Traum von der idealen Beziehung: Wie sieht er für Sie aus?
- Haben Sie versucht, einem Beziehungsideal zu entsprechen?
- Sehen Sie sich manchmal in Gedanken als eine Hauptfigur in einem Liebesfilm?
- Haben Sie manchmal versucht, den Partner Ihren Wünschen gemäß hinzubiegen?
- Haben Sie von Ihrem Partner erwartet, dass er Sie wortlos versteht?
- Konnten Sie ihm gegenüber tolerant sein?
- War Ihre Beziehung ausgewogen? Oder hatte nur einer das Sagen?
- Gibt es ein Paar in Ihrem Bekanntenkreis, das Sie beneiden?
- Haben Sie Ihrem Partner oftmals unberechtigte Vorwürfe gemacht?
- Haben Sie an ihm Ihre schlechte Laune ausgelassen?

Wenn Sie bereit sind, sich mit Ihren Antworten zu beschäftigen, werden Sie herausfinden, wo Ihre Schwachstellen in Ihrer Beziehungseinstellung liegen und was Sie gerne ändern möchten.

## Die drei Säulen der Liebe

Intimität, Leidenschaft und Bindung nennt der Psychologe Robert J. Sternberg die drei Säulen der Liebe (5). Intimität meint die Nähe zum anderen, die Möglichkeit, sich zu öffnen, sich dem anderen mitzuteilen. Auch Verbundenheit gehört dazu und der Wunsch, den anderen glücklich zu machen.

Leidenschaft gibt einer Beziehung das Feuer, das gewisse Etwas. Sie motiviert die Partner, äußert sich in Romantik, in sexueller Anziehung, weckt die Sehnsucht nach Nähe.

Bindung wird vom Kopf her gesteuert. Sie gibt einer Beziehung Sicherheit und schließt – zumindest im westlichen Kulturkreis – sexuelle Treue mit ein.

Je nachdem, welche Elemente in einer Beziehung gegeben sind, variiert sie in ihrer Qualität:

- Ist nur Intimität vorhanden, spricht Sternberg von Mögen.
- Leidenschaft allein löst Verliebtheit aus.
- Nur Bindungsbereitschaft führt zu leerer Liebe.
- Intimität und Leidenschaft zusammen sind die Stützen romantischer Liebe – die nicht unbedingt an morgen denkt.
- Intimität und Bindungswille führen zu kameradschaftlicher Liebe.
- Leidenschaft und Bindung nennt Sternberg alberne Liebe.
- Eine Beziehung ohne eine der drei Stützen ist laut Sternberg keine Liebe.
- Erst alle drei Elemente zusammengenommen – Intimität, Leidenschaft und Bindungswille – bringen die erfüllte Liebe.

Überlegen Sie selbst: Welche Elemente sind oder waren in Ihrer Beziehung vorhanden? Welche fehlten? Könnten die fehlenden vielleicht die Ursache für das Scheitern gewesen sein?

Grundsätzlich hängt die Zufriedenheit mit einer Beziehung aus der Sicht der Frauen vor allem von der Intimität ab. Männer dagegen schätzen besonders die Komponente der Leidenschaft. Eine klassische Rollenverteilung – Männer sind leidenschaftlicher, Frauen eher gefühlsbetont – lässt sich aber kaum mehr ausmachen. Frauen können ebenso leidenschaftlich sein wie Männer, Männer ebenso viel Wert auf Nähe legen wie Frauen. Auch dass Männer eher zum Seitensprung bereit sind, stimmt längst nicht mehr. Shere Hite stellte Ende der achtziger Jahre fest, dass 70% der von ihr interviewten Frauen – die seit mindestens fünf

> **Frauen werden etwa nach vier Jahren Ehe untreu, Männer warten damit ein Jahr länger.**

Jahren verheiratet waren – Affären hatten. Andere Studien bestätigen, dass etwa 50% aller Frauen im Laufe ihrer Ehe fremdgehen. Frauen werden etwa nach vier Jahren Ehe untreu, Männer warten damit ein Jahr länger (15). Entscheidend in Sachen Untreue sind im allgemeinen vor allem die Motive: Während Frauen vor allem dann schwach werden, wenn ihnen die Intimität in einer Beziehung fehlt, ist es bei den Männern eher die mangelnde Leidenschaft, die sie in die Arme einer anderen treibt.

Doch nicht jede Frau experimentiert gern mit der Liebe: Gebildete Frauen probieren sich eher in Liebesdingen aus als Frauen mit einer schlechteren Allgemeinbildung. Dabei setzen sie weniger auf Gefühle und testen Beziehungen auch mal mit mehreren Partnern aus. Das fand die Chemnitzer Psychologin Gertrud Katharina Pietsch in einer Studie, die sie für die Technische Universität Chemnitz-Zwickau erarbeitete, heraus (16). Frauen mit einem niedrigen Bildungsniveau neigen eher dazu, sich für den Partner aufzuopfern als Hochschulabsolventinnen. Die finanzielle Unabhängigkeit spielt hierbei vermutlich eine entscheidende Rolle.

## Die eigenen Fehler erkennen

Überspannte und unrealisierbare Ansprüche: Daran scheitern viele Beziehungen. Bloß weiß man es meist erst im Nachhinein, warum die Liebe nur einen Sommer hatte. Was ist schief gelaufen? Wer Klarheit über diese Frage haben will, muss ehrlich zu sich selbst sein. Die Fehler nur auf den anderen zu schieben, ist einfach – trifft aber selten den Kern eines Beziehungsproblems. Bei Frauen sehr beliebt ist die Opfer-Rolle: »Er hat mit mir gemacht, was er wollte.« Oder: »Sein Eigensinn hat alles kaputtgemacht.« Stop: Opfer zu sein, wählt man.

*Dorothee (26) war über Jahre mit einen Klassenkameraden mehr oder weniger liiert. Noch Jahre nach dem Ende hat sie unter der vertrackten Beziehung gelitten. Bis es plötzlich »klick« machte – und sie ihre Rolle der Leidenden kritisch hinterfragte. Dorothee: »Alles hat zwei Seiten: Zu einer Beziehung, auch zu einer gescheiterten, gehören immer zwei Menschen, zwei Standpunkte, zwei subjektive Realitäten. Diese simpel wirkende Erkenntnis hat Ketten in mir gesprengt, die*

**Die Opfer-Rolle (»Er hat mit mir gemacht, was er wollte«) ist bei Frauen sehr beliebt.**

*sich jahrelang wie ein Panzer um mein Herz gelegt haben. Eigentlich hatte ich gedacht, ich hätte meine große Liebesgeschichte mit meinem Schulfreund Paul längst überwunden. Es war eine heftige Affäre, und das über Jahre. Ein ständiges Wechselbad der Gefühle: Mal hat Paul mich ignoriert, dann sind wir wieder wie verrückt aufeinander abgefahren. Doch er hat mich immer wieder mit anderen Frauen betrogen. Er hat es nie geschafft, sich wirklich zu mir zu bekennen. Er hat mein Selbstwertgefühl jahrelang zertrümmert. Selbst als ich eingesehen hatte, dass es sinnlos war, mit ihm eine »Beziehung« zu führen, schaffte ich es nicht, mich innerlich von ihm zu lösen. Ich wollte immer wissen, warum er mir all das angetan hat. Ein schmerzliches Gefühl blieb zurück: Ich war das Opfer, die Gedemütigte, die Wertlose. Und er war der gemeine Schuft, der Täter, der Widersacher. Immer wieder kroch dieses Gefühl der Demütigung in mir hoch. Endlich, nach Jahren, hat sich mein Blickwinkel geändert. Ich traf eine Psychologin, der ich die ganze Geschichte mit Paul erzählte. Anstatt mich zu bedauern, fand sie, ich hätte ihn genauso ausgenutzt wie er mich. Als ich darüber nachdachte, hat irgendwas tief in mir drin zugestimmt. Nicht weil Paul in unserer Beziehung das Sagen hatte, konnte ich mich nicht von ihm lösen. Darum ging es nicht allein. Es waren auch meine*

*Erwartungen an ihn – als Lustobjekt – , die mich abhängig gemacht haben. Meine Erwartungen, nicht nur seine! Ich war also nicht das passive Unschuldslamm. Ich habe diese Rolle durchaus selbst gewählt. Das zu verstehen, hat mir gezeigt, dass ich – und nur ich – verantwortlich bin für mein Leben und was damit geschieht. Dass ich wählen kann, wie ich die Realität gestalte und wahrnehme.«*

## Jetzt bin ich Single – na und?

Wenn Untreue, Missverständnisse und Unzufriedenheit zu lang an einer Beziehung nagen, ist die Trennung oft der letzte Ausweg. Und plötzlich steht man als Single da und befindet sich in einem Zustand, der vielen

**Über eine Million der 25- bis 30- Jährigen sind solo, aber nicht alle leiden zwangsläufig an Einsamkeit.**

Menschen Angst macht. 12,4 Millionen Singles gibt es zur Zeit in Deutschland, zwei Drittel davon sind Frauen. Allein über eine Million der 25- bis 30- Jährigen sind solo. Doch nicht alle leiden zwangsläufig an Einsamkeit.

Es sind keinesweg immer die negativen Beziehungserfahrungen, die Frauen zum Single machen. Genauso entscheidend sind die positiven Momente, die das Single-Leben attraktiv machen. Selbst wer mal als Single auf Zeit angefangen hat, gibt diesen Zustand nicht sofort wieder auf, nur weil ein interessanter Mann auf der Bildfläche erscheint. Frauen haben in Sachen Unabhängigkeit, Kontaktfreudigkeit und Selbständigkeit dazugelernt. Besonders Frauen, die gut verdienen, genießen ihren Status (zumal die Zahl der Männer, die sich von ihren Frauen oder Freundinnen finanzieren lassen, nicht unbeträchtlich ist). Zahlen aus Amerika belegen, dass Frauen, die allein wohnen, sogar beruflich erfolgreicher sind als Männer.

Lange Zeit wurde davon ausgegangen, Alleinlebende hätten mehr psychische Probleme und seien einsamer und unglücklicher als Verheiratete. Neuere Untersuchungen belegen das Gegenteil: Singles verfügen in der Regel über einen großen Freundes- und Bekanntenkreis, der ihr Privatleben ausfüllt. Einen erfahrenen Single wird das nicht weiter verwundern: Erst die Kontaktfähigkeit macht das Single-Leben zum Genuss (17).

»Weibliche Singles lassen sich nicht unterkriegen, sind erfolgreich im Job, ausgeglichen und im großen und ganzen zufrieden», schreibt die Zeitschrift Marie-Claire (18) und zitiert eine Studie über weibliche

> **Männer tun sich schwerer mit dem Single-Dasein, weil sie sich nicht so leicht wie Frauen ein gutes soziales Netz aufbauen können.**

Singles, welche die – unverheiratete – Psychologin Dr. Janice Witzel am »Familiy Institute« in Chicago initiierte. Das Ergebnis: Keine Verzweiflung, kein Anflug von Depression, sondern »energiegeladene Frauen, die ein ausgefülltes Leben führten.« Auch wenn die Psychologin lediglich Singles über 35 interviewte: Es ist kaum anzunehmen, dass jüngere Frauen mehr Probleme mit dem Single-Dasein haben: Sie sind experimentierfreudiger und unterliegen weniger gesellschaftlichen Zwängen. Im Gegensatz dazu tun sich Männer mit dem Single-Dasein schwer. Die Gründe: Männer beweisen nicht so viel Geschick wie Frauen, sich privat ein gut funktionierendes Netzwerk aufzubauen. Sie scheuen die Nabelschau, setzen mehr auf Verdrängung, klappen zu wie eine Auster. Frauen scheinen dagegen eher in der Lage zu sein, ihre Bedürfnisse nach Aufmerksamkeit, Zuwendung und Anteilnahme zu signalisieren. Und wie sieht es bei Ihnen aus?

## Haben Sie das Zeug zum glücklichen Single?

Die folgenden Fragen sollen Ihnen Aufschluss geben, wie zufrieden Sie mit Ihrem Solo-Leben sein können. Vielleicht haben Sie bisher noch gar nicht bemerkt, wie gut Ihnen das Single-Dasein gefallen könnte?

- Wie beschreiben Sie Ihren Zustand: Sind Sie...
  ...froh, wieder allein zu sein?
  ...notgedrungen Single auf Zeit?
  ...einsam?
- Würden Sie sich als kontaktfreudig bezeichnen?
- Können Sie es Ihrer Umwelt signalisieren, wenn Sie sich nach Aufmerksamkeit sehnen?
- Gibt es jemand, der Ihnen Streicheleinheiten schenkt?
- Ein befreundetes Paar bittet Sie, mit in die Ferien zu fahren. Wie reagieren Sie: Nehmen Sie das Angebot freudig an? Oder sagen Sie ab, aus Angst, zur Last zu fallen?
- Haben Sie schon einmal daran gedacht, Ihr Mehr an Zeit für andere zu verwenden (ehrenamtliche Tätigkeiten, politisches Engagement etc.)?

## Das Alleinsein zelebrieren

Eine Trennung ist nicht per se ein Drama. Erst, wenn der Zustand des Alleinseins in Trostlosigkeit umschlägt, reagieren viele Betroffene mit Niedergeschlagenheit. Dann beginnt ein Teufelskreis, dem man nur schwer entfliehen kann.

Sicher ist es schwieriger, unfreiwillig mit dem Alleinsein klarzukommen. Alleinsein ist ein Zustand, der viele Facetten hat: Mal genießt man die Stille mit sich selbst, dann wieder wird die Lautlosigkeit fast unerträglich. Alleinsein birgt ein gewisses Risiko. Und doch bewerten Menschen, die freiwillig eine Zeitlang vollkommen isoliert von ihrer Umwelt gelebt haben, diesen Zustand fast durchgängig positiv, wie eine Langzeituntersuchung des Münchner Max-Planck-Instituts zeigt. Forscher beobachteten rund 400 Versuchspersonen in sogenannten Isolationsexperimenten. Die Betroffenen ließen sich freiwillig bis zu zwölf Wochen

> **Alleinsein ist ein Zustand, der viele Facetten hat: Mal genießt man die Stille mit sich selbst, dann wieder wird die Lautlosigkeit fast unerträglich.**

in einen Raum mit künstlichem Licht sperren. Radio, Fernsehen, aktuelle Zeitungen waren tabu. Das Ergebnis: Fast keine der Versuchspersonen brach das Experiment ab. Die Zeit allein wurde weder als lang noch als unangenehm empfunden. Viele Teilnehmer waren besonders von der inneren Ruhe und Gelassenheit angetan, die sich nach und nach einstellte. Von Schlappheit und Trägheit keine Spur: Denken, arbeiten, in Erinnerungen schwelgen gelang viel leichter als zuvor.

Alleinsein kann wohltun. Gerade Liebeskummer-Kandidatinnen vermeiden es oft, eine Zeitlang allein mit sich Zwiesprache zu halten und umgehen damit vielleicht ihr wahres Problem: die Angst, den eigenen Macken zu begegnen.

Kaum ein großes Werk in der Geisteswelt ist ohne Rückzug entstanden. Die wenigsten Komponisten, Dichterinnen und Philosophen haben ihre Werke im Trubel verfaßt. Selbst wenn Kunst Geselligkeit, Feste und Amusement beschreibt: Entstanden ist der Bilder-, Ton- und Buchstabenrausch gewöhnlich weit ab vom Trubel.

Die Möglichkeiten, den Rückzug ins Ich zu zelebrieren, sind heute attraktiver denn je: Reiseanbieter locken mit Trips in menschenleere Wüsten. Internationale Camps laden dazu ein, eine Zeit zu schweigen. Klöster öffnen ihre Tore für alle, die ein Wochenende oder länger zur Ruhe kommen wollen, und gerade Menschen in hektischen Berufen machen davon gerne Gebrauch.

Worauf kommt es an, wenn Sie sich dafür entscheiden, sich einige Zeit zurückzuziehen?

- Sie sollten es wirklich wollen.
- Versuchen Sie, den Zustand des Alleinseins nicht mit Erwartungen zu überfrachten. Lassen Sie sich lieber überraschen, was passiert.
- Ertragen Sie den (kurzen) Kampf der Unruhe.
- Bleiben Sie auch in der Stille Sie selbst. Spielen Sie keine Rolle!

Auch wenn Sie sich nicht gerade in klösterliche Einsamkeit zurückziehen wollen, gib es viele Möglichkeiten, das Alleinsein zu genießen und den Alltag bewusst zu erleben.

### Tips für einen lustvollen Alltag – allein!

- Leben Sie gut – und zwar auch dann, wenn Sie keinen Besuch erwarten.
- Kochen Sie regelmäßig für sich. Das verstärkt das Gefühl, dass Sie gut für sich sorgen können.
- Lust auf ein Glas Champagner? Lässt sich auch allein genießen!
- Beschäftigen Sie sich mit schönen Dingen.
- Notieren Sie sich jeden Tag Ihre Stimmung. Das geht ganz schnell: Plus steht für gut, Minus für schlecht, eine Wellenlinie für unbeständig. So bekommen Sie einen Überblick, in welchen Phasen Ihre Stimmung verläuft.
- Falls Sie Tagebuch schreiben: Schreiben Sie nicht so, dass es auch Tante Helga lesen könnte. Lassen Sie es richtig krachen. Das befreit!
- Tun Sie so, als würden Sie einen Roman schreiben. Hauptfigur sind natürlich Sie!
- Machen Sie Pläne. Ob es eine Essenseinladung ist, ein Picknick oder eine Traumreise: Planen macht gute Laune.

# Den Schmerz in Kreativität umwandeln

Kummer und Schmerz erzeugen einen besonderen Bewusstseinszustand. Doch viele Menschen kommen mit diesem inneren Wirbelsturm nicht zurecht. Was liegt also näher, als den Gefühlsstau nach außen zu leiten? Ein Ventil muss her, um Dampf abzulassen. Doch Klagen, Meckern und Leiden machen irgendwann unzufrieden. Man wird dabei das Gefühl nicht los, dass man sich im Kreis dreht – und ärgert sich über sich selbst. Dabei wohnt dem Kummer ein schöpferisches Element inne: Er bringt uns dazu, alte Strukturen aufzubrechen, eingespielte Gewohnheiten abzulegen und Neuland zu betreten. Das alte Ich macht eine Metamorphose durch und muss sich dabei mit neuen Überlegungen auseinandersetzen.

Ein gutes Mittel, um diese Aufbruchstimmung auszudrücken, ist, auch nach außen hin schöpferisch aktiv zu werden.

Dabei können Sie eine Menge über sich erfahren. Keine Bange, Sie müssen keine Frieda Kahlo sein, um loszulegen. Auf besondere Talente kommt es nicht an. Stimmungen und Gefühle auf ganz individuelle Weise auszudrücken, das ist das Ziel dieser Übung. Hier einige Vorschläge:

- Was beschäftigt Sie in diesem Moment? Ist es Wut? Eifersucht? Zerrissenheit? Machen Sie Ihren Ist-Zustand zum Thema einer Collage. Wortschnipsel aus Zeitschriften, Fotografien, die Sie ansprechen, oder einfach bunte Pappen sind Ihre Materialien. Kleben Sie alles, was Ihr Thema trifft, auf einen großen Bogen. So beschäftigen Sie sich spielerisch mit sich selbst und kommen sich dabei näher. Und unter Ihren Händen entsteht ein Werk.
- Probieren Sie ein visuelles Tagebuch aus. Legen Sie sich ein großes Stück Zeichenpapier bereit. Postergröße ist ideal. Zeichnen Sie mit Spraydosen, Filzstiften oder Kohle jeden Tag ein Symbol auf, das Ihre Stimmung kennzeichnet: Vielleicht ist es mal ein Blitz, mal ein in zwei Hälften gebrochenes Herz. Versuchen Sie, vier Wochen durchzuhalten. Dann haben Sie einen guten – und dekorativen – Überblick, wie sich Ihre Gefühle entwickelt haben.
- Sie mögen Sprachen? Suchen Sie sich per Inserat einen Gesprächspartner, mit dem Sie sich in der Fremdsprache Ihrer Wahl über ein Thema Ihrer Wahl unterhalten – zum Beispiel über Liebeskummer!

- Wer Kummer hat, lebt intensiv. Und expressiv, wenn Sie wollen: Schreiben Sie Ihre persönliche Liebesgeschichte auf, ehrlich und ungeschönt.
- Probieren Sie sich aus: Tanz, Schauspielerei, Literatur. Alles, womit Sie etwas von sich preisgeben, wird Ihnen helfen, die Last des Kummers kleiner zu machen.

Was tun, wenn man der alten Liebe wieder begegnet? Als Freundin oder als Feindin? Wie damit klarkommen, wenn er eine Neue hat? Wie mit der Angst umgehen, wieder enttäuscht zu werden? Frei und doch noch nicht ganz los: Mit diesem Thema beschäftigt sich Kapitel fünf.

# 5. Kapitel
# Es geht auch ohne ihn

## Die Lust an der neuen Freiheit

Wer es geschafft hat, sich aus einer scheiternden Beziehung zu lösen, gerät früher oder später in eine Phase der Euphorie. Die Trennung, das Loslösen bedeutet eben doch nicht das persönliche Ende. Im Gegenteil: Lebenshunger, Neugierde und Unternehmungslust keimen auf. Man ist so unruhig, dass man kaum stillzusitzen vermag. Und bedauert fast die Pärchen im Bekanntenkreis, die sich immer noch miteinander langweilen und es nicht einmal merken. Der neue Zustand ist ein Lustgewinn: Da ist plötzlich dieser Elan, der Mut, Dinge zu tun, die unerreichbar schienen. Allein mit dem Rucksack nach Asien? Machen andere auch. Fallschirmspringen? Wollte man ja schon immer mal machen. Für manche Frau ist es ein Glücksfall, wenn ihr Freund sie verlässt. Wie sonst wäre sie dazu gekommen, derart aufzudrehen? Wer die Chance zu nutzen weiß, entwickelt sich in Meilenschritten hinein in das Abenteuer Leben.

### »Durch den Kummer wurde ich zur Abenteurerin«

*Dass Liebesfrust heilsam sein und die persönliche Entwicklung vorantreiben kann, berichtet Lilly (22).* »Als Teenager war ich sehr zurückhaltend. Ich habe ständig für irgendwelche Jungs geschwärmt, aber es wurde nie etwas daraus. Bis ich Kai kennenlernte. Da war ich sechzehn. Kai übte eine starke sexuelle Anziehung auf mich auf. Doch irgendwie kamen wir nicht miteinander klar. Er war so still. Ich traute mich überhaupt nicht, mit ihm auszugehen. Immer waren wir miteinander allein. Irgendwann spürte ich, dass wir nicht glücklich miteinander werden konnten, obwohl ich ihn sehr liebte. Doch dann lernte ich Felix kennen. Er war für mich die Sonne: jung, fröhlich, gesellig. Mit ihm konnte ich viel lachen.
Mit Felix war ich drei Jahre zusammen. Wir waren glücklich miteinander, obwohl diese Tiefe nicht da war, die mich mit Kai verbunden hatte. Dann trennte sich Felix aus heiterem Himmel von mir. Er war sehr mit sich selbst beschäftigt, wollte allein sein. Die Trennung tat mir körperlich weh: Ich hatte auf einmal das Gefühl, einen Tumor im Bauch zu haben, etwas, das mich von innen heraus auffrisst. Doch als ich über das Schlimmste hinweg war, genoss ich diesen Schmerz. Er machte mich so sensibel: Ich fühlte mich, als sei meine Haut wund und könnte jeden Lufthauch, jede Regung wahrnehmen. Ich nahm kiloweise ab und konnte plötzlich körperbetonte Kleider tragen.
Der Kummer hat sich positiv auf meine Ausstrahlung ausgewirkt: Auf einmal hatte ich wahnsinnig viel Erfolg. Ich machte Bekanntschaften, probierte mich aus und genoss das Leben – obwohl ich nach wie vor unter der Trennung litt. Mit einem anderen Mann etwas anzufangen, dazu war ich nicht bereit. Das Leben war plötzlich ein einziges Abenteuer geworden, und ich war die Heldin. Felix kam nochmal zu mir zurück, und ich empfand ihn fast als störend. Nach einem Jahr verließ ich ihn. Irgendwie hat nichts mehr geknistert. Ich verknallte mich in Peter. Er war ein gestandener Mann, hatte bereits eine eigene

*Schreinerei. Wir waren ein paar Monate zusammen, als ich merkte, dass ich für ihn nur eine von vielen Frauen war. Zum Glück hatte ich durch meine vorhergegangenen Trennungen gelernt, dass es gut ist zu gehen, wenn ich mich nicht mehr wohl fühle. Das tat ich auch. Besonders nach dieser Trennung merkte ich, wieviel ich durch meine Kummerphasen gelernt habe: Ich bin selbstbewusst geworden, brauche nicht unbedingt einen Mann. Ich habe einen Job, der mir Spaß macht, eine kleine Wohnung, in der ich mich wohlfühle, gute Freundinnen und eine Katze. Ich habe begonnen, Gesangsunterricht zu nehmen. Nach den ersten Auftritten in einer Band fühle ich mich total stark. Die Erfahrung, drei schlimme Trennungen überstanden zu haben, hat mich selbstbewusst gemacht. Ich weiß jetzt, dass es eine Reihe attraktiver Männer gibt. Ich muss mich nicht mit dem erstbesten zufrieden geben.«*

## Vorsicht, Fußangeln!

Lilly hat die Phasen der Trennung optimal für sich genutzt. Ihr Selbstbewusstsein ist im Lot. Sie hat kapiert, dass es den Märchenprinzen nicht gibt, und sich fest vorgenommen, dass beim nächsten Mann alles anders wird. Und trotzdem: Ein Rest von Unsicherheit ist geblieben, ein Bodensatz an Bitterstoffen, die den Blick auf den Alltag manchmal eben doch ein bisschen trübe machen.

Kleine Einbrüche gehören dazu. Wenn dann noch die Angst dazukommt, keinen passenden Partner mehr zu finden, oder gar Reue, schraubt sich die Leidensspirale wieder gefährlich schnell nach oben. Was tun?

- Versuchen Sie in einem solchen Moment, sich zur Sachlichkeit zu zwingen. Vergegenwärtigen Sie sich, warum die Beziehung in die Brüche ging. War wirklich alles so gut, wie Sie plötzlich meinen?
- Erinnern Sie sich an seine Schattenseiten. Das bringt Sie ganz schnell wieder auf den Teppich.
- Schauen Sie genau hin, schönen Sie nicht, was Sie gequält hat.

Doch es ist beileibe nicht allein die Erinnerung, die weh tun kann.

## Er hat eine Neue

Vielleicht haben es Freunde erzählt, vielleicht haben Sie ihn selbst gesehen: den Ex-Partner, eng umschlungen mit einer gutaussehenden Schwarzhaarigen. Oder Roten. Oder Blonden. Jetzt ist eingetreten, wovor man sich am meisten gefürchtet hat: Er hat eine Neue. Das wirkt wie ein Schock. Man hofft, dass es nur ein böser Traum ist. Plötzlich ist es wieder da, das Gefühl, nichts wert zu sein, die Angst, als hässliches, ungeliebtes Entlein zu verkümmern. Am liebsten würde man in den Erdboden versinken. Eine schlimme Erfahrung. – Halt!

Was Sie wahrnehmen, schmerzt. Dagegen kann man sich auch nicht wehren. Doch eines können Sie jetzt tun, und das ist entscheidend für Ihre Genesung:

Beziehen Sie es nicht auf sich, dass Ihr Ex-Partner wieder eine Freundin hat. Machen Sie nicht den Fehler, daraus abzuleiten: Ich bin nicht würdig, geliebt zu werden. Das sind zwei verschiedene Sachen: Das erste ist eine Tatsache – die schmerzt. Doch Ihre Folgerung »ich bin nichts wert« ist keine Tatsache. Es ist Ihre Interpretation. Das eine hat nichts mit dem anderen zu tun.

Für Ereignisse, die um uns herum geschehen, können wir nichts. Wir haben nur begrenzt Einfluss darauf. Wohl aber auf die Erfahrungen, die wir damit machen. Denn Erfahrungen sind nicht tatsächlich, sondern laufen in unserem Kopf ab. Erfahrungen und Ereignisse sind zwei Paar Stiefel. Erfahrungen sind subjektiv – und deshalb kann man sie auch beeinflussen! (19) Ein Beispiel macht das deutlich:

Stellen Sie sich vor, Sie sind diejenige, die nach der Trennung zuerst wieder einen neuen Partner hat. Wenig später geschieht das, was Ihnen im Zustand des Alleinseins so weh tat. Sie treffen Ihren Ex-Freund mit einer neuen Freundin. Doch jetzt sind Sie liiert. Und atmen auf: Auch er hat wieder eine Partnerin gefunden. Jetzt sind Sie endlich die Sorge um ihn los.

Auch wenn Sie solo sind: Speichern Sie das Ereignis »er hat eine Neue« so neutral wie möglich ab. Überlegen Sie, ob es einen Grund gibt, warum das nicht in Ordnung sein sollte. Ist er nicht frei? Wussten Sie nicht einmal genau, dass er nicht der Mann ist, mit dem Sie glücklich werden? Überlegen Sie: Hätten Sie ihn wirklich nur deshalb gern zurück, weil ihn eine andere Frau jetzt als Freund hat? Wenn Sie sich klar darüber sind, warum Sie so reagieren, wie Sie es tun, werden Sie den Groll leicht vergessen. Und das Wissen, selbst etwas wert zu sein, schnell zurückerobern! Er hat eine Neue – na und?!

## Die erste »neutrale« Begegnung mit ihm

Irgendwann lässt es sich nicht mehr vermeiden. Früher oder später passiert es: Sie und Ihr Ex treffen sich wieder. Vielleicht ist da ein zaghaftes Lächeln, vielleicht aber auch Wut und Enttäuschung. Herzklopfen ist bestimmt dabei: Der Mensch, den Sie geliebt haben, ist jetzt ein anderer. Sie wissen nicht, wie er lebt, welche Kinofilme er gerade gesehen hat, ob er auch manchmal noch an Sie denkt. Ein Zusammentreffen mit dem Ex-Partner ist eine aufregende Sache. Wird man wieder in die alten Rollen fallen? Sicher wird man das Gespür für den anderen blind abrufen können. Ah ja, er hat sich gerade einen Wodka bestellt, das tut er nur, wenn er Ärger hat. Und Sie werden sich möglicherweise noch anziehend

> **Vor einer möglichen Begegnung sollte man sich über folgende Punkte klar sein:**
> - Will ich mit ihm reden?
> - Ist das unter den gegebenen Umständen überhaupt möglich?
> - Oder brauche ich nach wie vor Abstand?

finden. Ein Blick in seine Augen, und schon läuft der Film über die gemeinsame Zeit vor dem inneren Auge ab.

Wenn man Einfluss darauf hat, wann man den anderen zum ersten Mal nach der Trennung wieder sieht, sollte man sich Zeit lassen. Für manche bedeutet das drei Monate, für andere ein gutes Jahr.

Wie Sie sich auch entscheiden: Sie sind niemandem eine Erklärung schuldig, weder ihm noch irgendwelchen Freunden.

Wenn Sie es vermeiden wollen, ihn wiederzusehen, dann haben Sie keine Scheu, das zu signalisieren. In diesem Falle bitten Sie Ihre Freunde, Sie nicht gemeinsam zum Essen oder zum Fest einzuladen. Erst wenn Sie das Gefühl haben, dass es Ihnen nicht mehr weh tut, ist die Zeit für ein Wiedersehen gekommen.

## Freunde oder Feinde?

Da war doch was, was Sie unbedingt los werden wollten. Eine Erkenntnis, eine Erklärung, warum alles so gekommen ist. Vielleicht ist es auch
einfach nur das Verlangen, ihn wiederzusehen. Oder es ist die blanke
Neugier, die Sie dazu treibt.

Der erste Schritt auf ihn zu ist eine Herausforderung. Vielleicht kommt
der Wunsch auch von ihm. Einerlei: Wenn Sie das Verlangen haben, ihn
wiederzusehen, sollten Sie sich auf das erste Treffen als »Entliebte« gut
vorbereiten. Finden Sie zunächst heraus, was Sie dazu bewegt.

### Was sind Ihre Motive?

Versuchen Sie, die folgenden Fragen ehrlich zu beantworten.
Ich möchte ihn wiedersehen...

...weil ich noch ein paar offene Fragen habe

...weil ich herausfinden will, ob ich wirklich über ihn hinweg
bin

...weil ich wissen will, ob er mich vermisst

...weil er mir fehlt

...weil ich ihn zurückerobern will

...weil ich ihn eifersüchtig machen will

...weil ich herausfinden möchte, ob wir Freunde werden
können

Mit Ihren Motiven steht und fällt das Risiko einer verhängnisvollen
Begegnung. Die beste Voraussetzung für ein unkompliziertes Wiederse-

**Wer nicht aufhören kann zu hoffen oder dem
anderen emotional ausgeliefert ist,
schützt sich besser durch Entzug.**

hen ist, dass Sie den Verlust der Beziehung verschmerzt haben. Wer sich
insgeheim einen Neuanfang von einem Treffen erhofft, sollte lieber die
Finger davon lassen – oder es offen sagen!

Wichtig für eine mögliche Freundschaft ist, dass beide Beteiligte auf einer Gefühlsebene sind. Wenn beide kapiert haben, dass es zu Ende ist und dass es gut so ist, ist es kein Problem, die Liebesbeziehung in eine bereichernde Freundschaft umzuwandeln. Wer jedoch nicht aufhören kann zu hoffen oder dem anderen emotional ausgeliefert ist, schützt sich besser durch Entzug.

## Wie mit der Vergangenheit umgehen?

Erinnerungen kommen und gehen, auch noch Jahre nach dem Tag X. Sollte man sie bekämpfen? Der Versuch wäre zwecklos. Denn eigentlich kann man sich ja gar nicht gegen sie wehren. Doch das, woran man sich erinnert, ist entscheidend für das Wohlbefinden in der Gegenwart, wie eine Studie mit Studenten der Memphis State University belegt (20): Wer immer noch vom Happy-End träumt und die Erinnerung dazu benutzt, sich die zarten Anfänge immer und immer wieder vor Augen zu führen und sich zu fragen, ob die Beziehung heute nicht doch wieder eine Chance hätte, wird letztlich nie über den anderen hinwegkommen – und die Gegenwart als quälend empfinden. Besser fühlt man sich hingegen, wenn man sich mit den Gründen beschäftigt, warum die Liebe zu

> *Wer weiß, ich habe geliebt und ich war fähig, wieder loszulassen, hat allen Grund, mit sich zufrieden zu sein.*

Ende ging. Zu erkennen, »es ist zu Ende,« erlaubt auch ein Schwelgen in schönen Erinnerungen, die jedoch für die gegenwärtige Gemütsverfassung keine Gefahr bedeuten. Im Gegenteil: Wer weiß, ich habe geliebt und ich war fähig, wieder loszulassen, hat allen Grund, mit sich zufrieden zu sein.

Und wie ist das bei Ihnen? Können Sie mit Frieden und Gelassenheit auf die Vergangenheit zurückblicken? Oder bohrt es noch in Ihnen? Wenn ja, dann sollten Sie sich die Gründe für die Trennung wieder ins Gedächtnis rufen!

## Die Rückeroberung der gemeinsamen Freunde

Für alle Betroffenen ist es schmerzlich, mit dem Ende der Beziehung auch noch einen Haufen liebgewonnener Freunde zu verlieren. Die Umgebung spaltet sich wie von Geisterhand geführt in zwei Lager – oder reagiert mit Zurückhaltung. Das ist verständlich. Sein bester Freund wäre sicher versucht, in »ihrer« Gegenwart von »ihm« zu reden. Schließlich ist Freundschaft auch von der Vergangenheit geprägt, und so tun sich die Freunde schwer, bei Null anzufangen. Was hilft?

Ein Signal. Es reicht schon anzudeuten: Der Sturm hat sich gelegt. Ich bin wieder ansprechbar. Wann machen wir was zusammen?

> **Wichtig ist, mit den Freunden abzuklären, wie sie mit der ehemaligen Beziehung umgehen sollen.**
>
> - Darf vom anderen geredet werden?
> - Wenn ja, in welchem Umfang: Sollen nur News mitgeteilt werden (»Klaus zieht übrigens weg«), oder darf auch über die Seelenzustände des anderen gesprochen werden (»Er tut sich schwer damit, dich zu vergessen«)?
> - Dürfen die Freunde Neuigkeiten, die Sie betreffen, weitergeben? In welchem Umfang?
> - Soll lieber Stillschweigen herrschen?
> - Stichwort Einladungen: Können die Entliebten gemeinsam eingeladen werden?

Wer diese Punkte klärt, spart sich damit eine Menge Ärger. Und die Freunde wissen, woran sie sind.

## Zarte Gefühle für einen neuen Mann

Es ist schön zu wissen, dass es noch funktioniert: Sie haben jemanden getroffen, der Ihnen den Kopf verdreht. Das Herz klopft wie wild, Sie haben sich verliebt. Und spüren jene Kräfte wieder aktiv werden, die so lang verschüttet waren.

Doch irgendwo, ganz tief unten, sitzt so ein Quentchen Angst, zum Opfer der eigenen Gefühle zu werden, sich etwas vorzumachen. Enttäuscht zu werden. Vielleicht reagieren Sie sogar mit einer Zurückhaltung, die der Neue nicht nachvollziehen kann – oder Sie entziehen sich völlig der Möglichkeit einer Begegnung.

Doch Vorsicht: Die Vermeidungstaktik macht auf Dauer nur ärgerlich und einsam. Damit ist nichts gelöst. Überprüfen Sie ihre Gefühle. Stellen Sie gegen Ihre Ängste die Realität: Habe ich Grund, gegen diesen Menschen misstrauisch zu sein? Hat er mir dazu Anlass gegeben? Bin ich in irgendeiner Weise in Gefahr? Warum will ich weglaufen? Erklären Sie sich dem anderen. Schweigen ist in diesem Falle nicht Gold, sondern Gift. Das Tempo der Annäherung bestimmen Sie. Jemand, der wirklich an Ihnen interessiert ist, wird Ihnen auch die Zeit einräumen, die Sie brauchen.

## Torschlusspanik?

Andersherum sind vielleicht Sie es, die um jeden Preis eine Beziehung will und jeden neuen Stern am Partnerhorizont am liebsten heiraten würde. Achtung: Wer sich unter Druck glaubt, prüft nicht gründlich, an wen sie sich bindet. Und die meisten Männer reagieren auf Klammern allergisch. Zu Recht: Wer einen Partner benutzt, um seine Defizite aufzufüllen und seine Sorgen zu vertreiben, bringt sich damit um die Möglichkeit einer gesunden Beziehung. Nur wer mit sich selbst klarkommt und keinen »Neurosenpfleger« braucht, ist wieder reif für eine Beziehung.

## Aufregung erhöht die Bindungschancen

Action kann wie das reinste Bindemittel wirken: Erleben eine Frau und ein Mann gemeinsam aufregende Momente, kann dies die Leidenschaft füreinander entfachen. Das hat schon Ovid festgestellt, der beobachtete, dass sich während eines gefährlichen Gladiatorenkampfes die Leidenschaft für das jeweils andere Geschlecht steigerte. Ein spannender Film, eine gewagte Klettertour oder eine nächtliche Wanderung sind also gute Einstiegsmöglichkeiten für eine Romanze. Die Erklärung: Wer sich fürchtet und gruselt, erlangt einen gewissen Erregungszustand – der fälschlicherweise der anwesenden Person zugeschrieben wird (4). Irren ist menschlich – und kann sehr angenehm sein!

## Welcher Liebestyp sind Sie?

Natürlich sucht nicht jeder die gleiche Art von Bindung. Für Liebe gibt es zum Glück keine Gesetze: Jeder lebt seine Beziehung anders. Es gibt auch keinen Standard, den man zu erfüllen hat, um beziehungsfähig zu sein. Über die Möglichkeit, eine Beziehung zu führen, entscheiden immer und ausschließlich zwei Menschen, die ihre ganz persönlichen Maßstäbe für eine Partnerschaft haben.

Die Wissenschaftler Shaver und Hazan unterscheiden drei Kategorien von Liebesstilen (5): Ihren Untersuchungen zufolge gehören über 50% der Menschen zu den »sicheren Typen«, die sich leicht tun, engen Kontakt zu anderen zu knüpfen und aufrechtzuerhalten. Diese machen sich keine Sorgen darüber, verlassen zu werden.

25% der Menschen werden dem »vermeidenden Typus« zugeordnet. Diese Personen fühlen sich unbehaglich, wenn ihnen jemand emotional zu nahe tritt: Sie entwickeln wenig Vertrauen in den anderen und klagen häufig darüber, dass ihre Liebhaber von ihnen mehr wollen, als sie zu geben bereit sind. Etwa 20% lieben ängstlich und ambivalent. Sie entwickeln einen Liebesstil, der nach Nähe zum Anderen drängt, fühlen sich oftmal nicht wirklich geliebt, wollen mehr und registrieren enttäuscht, dass der Partner dann verschreckt zurückweicht.

Prüfen Sie: Welchem Typus entsprechen Sie? Wenn Sie wissen, wie Sie lieben, werden Sie Ihre Beziehungsängste besser verstehen können!

## Die Sache mit dem Korb

Für viele Menschen ist es schwer, nach einer gescheiterten Beziehung wieder locker und unkompliziert auf andere zuzugehen. Gerade für Frauen ist es nicht immer einfach, neue Männer kennenzulernen. Kein Wunder: Die Rollen des Kontakt-Spielchens waren jahrtausendelang streng verteilt: Der Mann ein Jäger, die Frau das schöne, aber schüchterne Reh. Dank Emanzipation trauen sich immer mehr Frauen, einen Beutegedanken zu entwickeln und sich frank und frei an das Objekt der Begierde heranzupirschen.

Daniel erzählt: »Ich war aus, in einem Club. Auf einmal steht eine Frau neben mir und bestellt vier Tequila. Sie stellt mir zwei hin und sagt: ›Nach dem ersten Tequila erzählst du mir was von dir, nach dem zweiten ich dir was von mir.‹ Mir hat das total gut gefallen. Die halbe Nacht haben wir geredet.«

Viele Männer finden es toll, angesprochen zu werden, anderen jedoch ist dabei mulmig, wird ihnen doch indirekt die Kompetenz entzogen, selbst das Netz auszuwerfen. Leider steht es nicht jedem Mann auf die Stirn geschrieben, ob er angesprochen werden will. Wer die Initiative ergreift, muss damit rechnen, einen Korb zu kriegen. Diese Erfahrung machen Männer wie Frauen. Kopf hoch, da hilft nur eins: Üben, üben, üben!

Und von den Männern lernen: Männer haben schließlich jahrtausendealte Strategien auf Lager, wie man die Körbe möglichst schnell aus dem Gedächtnis streicht. Indem sie die Situation, in der sie eine Ablehnung bekommen haben, notfalls verdrehen. Die Blonde hat nicht angebissen? Na, dann weiß sie eben nicht, was ihr entgeht.

## Mit Optimismus in die Zukunft

Trauern, sehnen, hinfallen und wieder aufstehen. Das Leben neu organisieren, mit alten Gefühlen abschließen, neue Gefühle entwickeln. Wer die Launen des Liebeskummers erlebt hat, hat viele lehrreiche Lektionen gelernt. Und weiß: Ich kann lieben. Ich kann leben. Ich kann die Liebe laufen lassen und wieder eine neue Liebe finden.

Die Zeit des Liebeskummers ist ein Schlüsselereignis, das auch nach Jahrzehnten wie ein Gipfelkreuz aus dem Alltagseinerlei herausragt.

Liebeskummer ist die Erfahrung, welche die schönsten und schrecklichsten Momente in unserem Leben zusammenwebt. Erst durch ihn hat unser Dasein einen neuen Dreh bekommen. Neue Perspektiven tun sich auf. Wie eine Schlange streift das Selbst alte Empfindlichkeiten ab. Die alte Haut hatte einfach zu viele Risse. Unsere neue ist da ganz anders: Elastisch, glänzend, stabil.

Liebeskummer ist ein großes Gefühl, dessen Schmerz sich zu ertragen lohnt. Denn große Gefühle sind immer wahr.

# Anmerkungen und Quellen

(1)  Elisabeth Frenzel: Mann zwischen zwei Frauen, S. 502 in: Motive der Weltliteratur, Stuttgart, 1992

(2)  Focus, Ausgabe Nr. 24/94: Abschied von der Liebe

(3)  Wiener, Ausgabe 9/92: Definitiv gefühlsecht

(4)  Krech/Crutchfield u.a.: Grundlagen der Psychologie, Band 5. Weinheim, 1992, Seite 60 bis 65

(5)  Erich Kirchler: Über die Liebe: Versuch eines Essays. In: Gruppendynamik, 24. Jahrgang 1993, Heft 3, S. 265 – 274

(6)  Rubin, Z., Peplau, A., Hill, C.T.: Loving and Leaving: Sex Differences in Romantic Attachments Sex Roles, 1980

(7)  Freundin, Ausgabe 19/95: Liebeskummer ist out

(8)  Die Welt, 28. 02. 1996: Psychologen erforschen die unerforschte Liebe

(9)  Psychologie heute, 6/95, S. 70 – 71: Kein Glück ohne Krise

(10) Arte-Themenabend »Love me or leave me« vom 13. 08. 1996, produziert vom ZDF

(11) Sexualmedizin, Ausgabe 7/95, S. 205: Ausgeschlossen, Untersuchungen zum Liebeskummer

(12) Psychologie heute, 6/96, S. 8 – 9: Zum Glück allein

(13) Psychologie heute, 3/91, S. 30: Nur wer die Sehnsucht kennt

(14) Psychologie heute, 12/94, S. 27 – 29: Die Liebe – eine Geschichte

(15) Psychologie heute, 10/93, S. 20: Untreue in den 90er Jahren: Die Frauen holen auf

(16) dpa-Meldung vom 19. 6. 1996: Kluge Frauen spielen oft mit der Liebe

(17) Frankfurter Rundschau vom 17.8. 1990: Wenn er mich einzuengen versucht, dann doch lieber alleine

(18) Marie Claire, Ausgabe 5/92. Single-Frauen: Das Ende einer Legende

(19) Michael Mary, Henny Nordholt: Change. Lust auf Veränderung, Stuttgart, 1993, S. 27 und 28

(20) Psychologie heute, 3/94, S. 8 – 9: Blick zurück in die Liebe


Brigitte Nr. 20/ 96. Dossier: Jung und einsam

Joy Nr. 9/1996: Wenn's Herz schmerzt. Wie man sich vom Liebeskummer verabschiedet

Marie Claire 7/94: Voll abgeblitzt

Süddeutsche Zeitung, Magazin 45 vom 6.11.92: Allein – und doch in bester Gesellschaft

Max Frisch: Tagebücher. Frankfurt 1979 und 1985

Psychologie heute, 12/94: Lieben wie Kinder

# Lesenswerte Bücher

Sheldon Kopp: Anfang und Ende sind eins. Krüger, Frankfurt 1995
Michael Mary, Henny Nordholt: Change. Lust auf Veränderung. Kreuz, Stuttgart 1993
Barbara Wilde: Die Lust an der Trennung. Im Chaos der Gefühle. Econ, Düsseldorf,
    Wien 1993
Dr. Eva Gesine Baur: Eifersucht: Krank aus Liebe. Gräfe und Unzer. München 1996
Diane Vaughan: Wenn Liebe keine Zukunft hat. Rowohlt, Reinbek 1991
Hildegard Baumgart: Liebe, Treue, Eifersucht. Erfahrungen und Lösungsversuche im
    Beziehungsdreieck. Rowohlt, Reinbek 1985
Nina Larisch-Haider: Von der Kunst, sich selbst zu lieben. Kösel, München 1993
Ursula Nuber: Die Egoismus-Falle. Warum Selbstverwirklichung oft so einsam macht.
    Kreuz, Zürich 1993.
Florian und Gabriele Langenscheidt: 1000 Glücksmomente. Heyne, München 1991
Erich Fromm: Die Kunst des Liebens. Ullstein, Frankfurt/M., Berlin, Wien 1982
Ute Erhardt: Gute Mädchen kommen in den Himmel, böse überall hin. Warum Bravsein
    uns nicht weiterbringt. Krüger, Frankfurt 1994

# Adressen, die weiterhelfen

**Forte e.V.**
Frauenselbsthilfegruppe. Unterstützt Frauen während der Trennung oder Scheidung im Umgang mit Gerichten und Behörden
Seesener Straße 23, 10711 Berlin
Tel. 030 – 892 78 92

**Pro Familia e.V., Bundesverband**
Stresemannallee 3,
60596 Frankfurt/a.M.
Tel. 069/63 90 02, Fax 069/63 98 52
Geschäftsstellen mit Partnerschaftsproblemberatung in jedem größeren Ort

**Familiennotruf München**
hilft in Trennungssituationen
Pestalozzistraße 46, 80469 München
Tel. 089 – 26 91 94

**Psychosoziale Beratung in Familienkrisen**
Günterstaler Straße 41,
79102 Freiburg
Tel. 0761 – 78 761 oder 78 586

**Trialog**
Beratungsstelle für Familienkrisen, Trennung und Scheidung
Von-Vincke-Straße 6, 48143 Münster
Tel. 0251 – 51 14 14

**Evangelische Telefonseelsorge:**
Tel. 11101

**Katholische Telefonseelsorge:**
Tel. 11102

**Deutsche Arbeitsgemeinschaft für Jugend- und Eheberatung**
Neumarkter Str. 84 c,
81673 München
Tel. 089 – 436 10 91

Die Gedanken, Methoden und Anregungen in diesem Buch stellen die Meinung beziehungsweise Erfahrung der Verfasserin dar. Sie wurden von der Autorin nach bestem Wissen erstellt und mit größtmöglicher Sorgfalt überprüft. Sie bieten keinesfalls Ersatz für kompetenten ärztlichen oder therapeutischen Rat. Daher erfolgen Angaben in diesem Buch ohne jegliche Gewährleistung oder Garantie des Verlags oder der Autorin. Eine Haftung des Verlags oder der Autorin für etwaige Personen-, Sach- und Vermögensschäden ist ausgeschlossen, es sei denn im Falle grober Fahrlässigkeit.

2   3   4   5      01   00   99   98   97

© 1997 Kreuz Verlag AG Zürich, P.O.B. 245, CH-8034 Zürich
Umschlaggestaltung: Atelier Reichert, Stuttgart
Umschlagfoto: © The Picture Book/ BAVARIA, München
Satz: Rund ums Buch, Rudi Kern, Nürtingen
Druck und Bindung: Wilhelm Röck, Graphische Betriebe, Weinsberg
ISBN 3 268 00202 1

# Minderwertigkeits-
gefühle überwinden:

Die meisten Frauen sind mit sich unzufrieden.
Zu große Nase, zu kleiner Busen (oder umgekehrt),
dumm, nicht schlagfertig genug, ich-kann-nichts-
ich-bin-nichts, selber Schuld: Endlos ist die Liste der
Urteile, mit denen sich Frauen ihre eigene Minder-
wertigkeit einreden. Dodo Lazarowicz beschreibt, was
solche Gefühle bewirken und wie man sie erfolgreich
überwinden kann.

Dodo Lazarowicz
**Ich find mich gut!**
Minderwertigkeitsgefühle
überwinden
*96 Seiten, Hardcover*

# KREUZ: Was Menschen bewegt.

# Konfliktängste lösen:

Konflikte, Auseinandersetzungen, Streit?
Besonders Frauen schrecken davor häufig zurück,
weil sie befürchten, sich nicht behaupten zu können.
Sie gehen allen Auseinandersetzungen aus dem Weg
und ärgern sich dann hinterher oft genug über sich
selbst. Susanne Motamedi erläutert in nachvollzieh-
baren Schritten, wie man Konfliktängste überwinden
und konstruktiv streiten lernen kann.

Susanne Motamedi
**Richtig streiten**
Konflikte lösen
*96 Seiten, Hardcover*

**KREUZ**: Was Menschen bewegt.